广州农商银行战略企划部 著

十年匠心

广州农商银行十年改革发展纪实

上海三联书店

序

　　"青灯黄卷苦读，热血挚情坚韧。"匠心，是专业主义的中国式表达。

　　在瑞士的汝拉山谷，寂静的机芯工厂里坐着一个个埋头打磨的工匠，窗外是几百年风景不变的瑞士高山草甸，而从这个偏僻村庄生产出来的手表，不久后，将被陈列在世界各地最昂贵的橱柜里。商业之美，正是在这种对品质的极致追求中得以显现。对专业主义的坚持，对匠人精神的坚守，一直都是企业的立身之本。

　　从2006年统一法人，到2009年实现股份制银行的华丽转身，再到2016年，广州农商银行走过了风雨十年。十年如一日，在企业的不断发展壮大中，我行始终坚守对工匠精神的追求，追求专业和极致，追求企业管理的精益求精，追求一种纯粹为把事情做好而好好工作的状态。作为一家金融企业，我们要做成银行业的百年老店，需要这样对于专业主义的坚守，需要这样的纯粹。

十年匠心，我们以专业主义的追求，在偶然与必然中进行战略选择。

十年间，广州农商银行实现了跨越式的发展，看似偶然，实则必然，转型、创新、再造，是我行取得一切成绩的根本原因。我行自统一法人改革以来的十年历程正是一部转型、创新、再造史。十年发展，我行重要的战略转型有三次。2009年，为应对城市化浪潮下我行传统优势市场被侵蚀的挑战，我行启动"固农进城、增量扩张"的第一次战略转型，在中心城区、城乡结合部、偏远郊区与农村市场等"三个市场"实施差异化策略。2011年，在第一次转型站稳脚跟后，根据市场的变化，我行启动了以"均衡发展、内涵集约"为主题的第二次转型。2015年，随着利率市场化改革不断深化，技术脱媒、金融脱媒愈演愈烈，我行开启了以"综合金融、协同服务"为主题的第三次转型，强化业务条线之间的联动服务与交叉销售，全面介入客户的生态圈，协同利用银行、租赁、基金、信托、保险等多种金融工具与产品，为客户提供一站式、综合化金融服务。

十年匠心，我们以工匠精神的坚守，在为与不为中进行管理决策。

老子说，"治大国如烹小鲜"，我行每一次改革，都是管理再造，不断改变经营管理范式、不断为银行输入新鲜血液的过程；我行的每一次改革，都是制度的完善和决策权力的下放。通过对组织架构、体制机制、制度流程、内部管理等方面的改革，我们建立了市场化、专业化、精细化的管理体制和机制，实现了管理创造价值。君子有所为，有所不为，我们通过管理创新和制度完善，赋予企业以活力，实现了无为而无所不为的管理目标。

十年匠心，我们以匠心之韵，在变与不变中坚守如一。

随着现代金融中金融对象、金融主体、金融业务的巨大变化，加之金融脱媒、利率市场化的快速推进，创新与变革是不二之策，变成为常态，但是我行服务三农、服务小微、服务社区的底色不变，"用心，伴您每一步"的服务理念不变，反哺社会的企业社会责任不变，支持民生与实体经济的使命不变。

回顾我行十年发展足迹，可以概括为三句话：在历史机遇的关键期求得一线生机，在市场竞争的夹缝中谋得一席之地，在政策影响的叠加下争得一方空间。通过改革重塑，我们先后实施扁平化再造、条线化改革、矩阵式架构、事业部运作，实现了破茧成蝶、凤凰涅槃、浴火重生。如今的广州农商银行集团总资产规模超6600亿，已成功跻身中国企业500强，成为全国农村合作金融机构的标杆银行。

十年匠心，我们因势而变、锐意求新；十年匠心，我们砥砺前行，启赋华章；十年匠心，我们怀揣宏大愿景，拾级而上。十年匠心，我们经历变革的阵痛，也收获成功的欣悦；我们经历自我革新的艰辛，也收获改革的春华秋实。

匠心，是一份专注，是一份追求，更是一种情怀，一种执着的力量。展望未来的十年，我看见前路漫漫，我们将坚守专业主义的情怀，执着地奔跑在路上，同心同力，行以致远！

目录
CONTENTS

第二篇 为与不为

——打造中小商业银行的管理标杆

第三篇　变与不变

——新常态下的创新之道

第一篇 偶然与必然
——时代风云下的战略选择

　　自 2006 年以来的十年，广州农商银行实现了跨越式发展，看似偶然，实则必然，得益于审时度势，极具前瞻性的战略选择。十年嬗变，嬗变的背后是广州农商银行转型、新生、重建的改革之路，也是广州农商人突破重围、自我革新的艰辛之路。

第一章　新生与重建

　　从 1952 年广州地区第一家农村信用社成立，到 2006 年广州农信社完成统一法人改制，再到 2009 年完成股份制改造的广州农商银行挂牌成立，再到如今综合金融集团雏形初现，跻身中国企业 500 强，广州农商银行走过了风风雨雨 60 多年。从一无所有到逐步发展壮大，最后完成从农信社到现代商业银行的华丽转身。她的沧桑历史，见证着羊城广州的发展和巨变，也见证着中国金融体制的深刻变革。

　　截至 2016 年末，广州农商银行集团总资产达 6609.5 亿元，各项存款余额 5012.8 亿元，各项贷款余额 2481.3 亿元，全年实现中间业务收入 31.9 亿元，拨备前利润 97.8 亿元。现辖网点 630 多个，在职员工近 8000 人，累积发放银行卡 1300 多万张，设置 ATM 机具 2600 多台，业务规模稳居全国农商行前三甲，是广州地区仅次于四大国有银行的第 5 大银行机构。2015 年跻身中国企业 500 强，是国内唯一上榜的农商银行。2010 年以来，连续入选英国

《银行家》发布的"全球 1000 家大银行"，2016 年排名第 203 位。

这就是从广州农信社嬗变而来的广州农商银行，嬗变的背后是它转型、新生、重建的改革之路，也是广州农商人突破重围、自我革新的艰辛之路。如今的广州农商银行就像她所代表的十粒金色大米一样，焕发出新的活力。

第一节　前世沧桑

从人民公社、生产大队时代，到改革开放后由农业银行代管，再到"行社分家"，从来没有一个行业像农村信用社这样在管理体制上经历过这么多的变化和反复；从"合作制"到"股份合作制"再到"股份制"，也从来没有一个行业像农村信用社这样引起那么多的争议和讨论。中国农村信用社的发展历程，伴随着中国社会的每一次变革，这似乎也就注定，中国农村信用社的发展，不会是一片坦途。

广州地区农信社的管理体制从成立之日起也历经多次变革。

1952 年，广州地区第一家农村信用社成立；改革开放后，广州地区农村信用社恢复业务并由农行广东省分行代管；1997 年，"行社分家"；1998 年，广州市农村信用社联社成立，形成三级法人体系；2006 年，完成"统一法人"改制；2009 年，股份制商业银行改制完成，广州农商银行诞生。一路走来，这家银行机构励精图治，完成了自我的变革和新生。其间，经历了诸多坎坷，有迷茫，有奋进，也有变革的阵痛。

1951 年，新生的共和国百废待兴。为了尽快恢复和发展农业生产，当年 5 月，中国人民银行召开全国农村金融工作会议，决定试办农村信用合作组织。1952 年，广州地区第一家农村信用社应运而生，开启了广州农信社的历史。此后，各地农村信用社如雨后春笋纷纷成立，至 1957 年，广州地区基本实现每个乡都有一家农村信用社，做到了农村金融服务的全覆盖。

但在 1957 年之后，农村信用社的发展进入漫长的蛰伏期。1958 年，农村信用社被下放到人民公社管理；后来中国人民银行又将设在人民公社的国家银行营业所和农信社合并，组成人民公社信用部。1959 年 5 月，中国人民银行根据中央决定把下放给人民公社的营业所收回，不再下放给人民公社，把原来的信用社从人民公社信用部分出来，下放给生产大队，变为信用分部。信用分部由大队管理，盈亏归生产大队统一核算。1966 年，"文革"开始，农村信用社的发展更是全面陷入停滞，对农村金融所起的作用也微乎其微。

1979 年，中国启动改革开放，农村信用社也迎来新生，开始全面的恢复和发展。当年 2 月，国务院下发《国务院关于恢复中国农业银行的通知》，决定恢复中国农业银行和农村信用社，并明确规定，"（中国农业银行）领导农村信用合作社，发展农村金融

20 世纪 70 年代，村民在广州农信社网点办理业务。

事业。""农村信用合作社是集体性质的金融组织，又是农业银行的基层机构。"文件下发后，广州地区农村信用社逐渐恢复，并由中国农业银行广东省分行代管。这一时期，农信社实际上是作为农行的基层机构而存在的，并不具有独立性。随着农村经济的发展，农村信用社的这种"农行基层机构"的角色变得越来越不适应农村金融的实际需要，也阻碍了农村信用社独立开展金融业务，农村信用社体制改革被提上日程。

1984 年 8 月，国务院批转《中国农业银行关于改革信用合作社管理体制的报告》，为农村信用社体制改革打开了第一扇窗。报告明确指出，"恢复信用社合作金融性质。"其实质就是改变农信社成为农业银行基层机构的状况，赋予农村信用社在农村金融中更重要的地位。此后，改革农村信用社体制的工作在广东全面铺开，改革的核心是农信社自主经营、独立核算、自担风险、自负盈亏，不再作为农业银行的基层机构。但是，分离并不彻底。农村信用社虽然不再是农行的基层机构，改革后广东各县市也建立了信用合作社联合社，但是县联社需在农业银行县支行的领导下开展工作，日常工作也由县支行信用合作股负责。在实际运行中，各地信用社业务的开展还是在很大程度上依附当地农业银行。

农信社的体制改革虽然迈开了第一步，但是，农行"一身二任"（既是经营者，又是管理者）的角色，既不利于农行集中精力推进自身的改革和发展，也与农村信用社的深化改革存在许多矛盾。因此，农村信用社与农行脱离行政隶属关系是农村金融体制改革的必然趋势。

对于广州市农村信用社来说，1997 年是具有标志性意义的一年，从这一年开始，"行社分家"，广州市农村信用社真正从农行剥离，开始尝试"单飞"，进入独立发展阶段。

1996 年 8 月，国务院颁布《关于农村金融体制改革的决定》，开启新一轮农村信用社体制改革的大幕。文件指出："农信社与中国农业银行脱离行政隶属关系，对其业务管理和金融监管分别由农信社县联社与中国人民银行承担。"至此，农信社在接受农业银行管理领导十六年后，正式分家，一场按合作制原则规范信用社的改革随之全面铺开。

1997 年初，广州市农信社正式与农行脱钩，各营业网点停止使用农业银行招牌名称业务凭证。1998 年 9 月，广州市农村信用社联社成立，形成了基层信用社、区县联社和市联社的三级法人体系。其中，一级法人为 91 个基层信用社；二级法人为 10 家区（县）联社，分布在广州市的城乡结合部及四个县级市（番禺、花都、增城、从化）的广大农村地区；三级法人为 1 个市（地）联社。各级法人之间相互独立，上级社由下级社共同出资构成，市（地）联社专门承担系统内的行业管理职能。

"行社分家"理顺了多年难以处理的农行与农信社业务关系纠结问题，把农信社推向了合作制的市场化轨道上去，广州市信用社开始独立面对市场。应该说，这次农信社的体制改革很好地释放了活力，"单飞"后的广州市农信社各项业务稳步增长，经营效益稳步提高，综合实力不断增强。

但是，在这次体制改革中，一些长期困扰农信社的问题并没有得到根本的解决，比如产权不明晰、管理体制不完善、内控制度不健全等。这些问题的存在，也几乎决定了，广州市农信社在短暂的"好日子"之后很快就将遭遇到发展的瓶颈。

第二节 体制困境

广州农信社"单飞"后的新生活是从一段"美好时光"开始的。

凭借在农村地区的传统优势以及农信社内部的机制变革，"行社分家"后的广州农信社很快打开局面。在"单飞"后的起初几年，广州农信社的财务状况明显好转，盈利水平不断提高，广州市农信社迎来了"行社分家"后的"美好时光"。

但是，危机也在"美好时光"中孕育。"行社分家"的改革，虽解决了农信社和农行的业务纠缠问题，但是，困扰广州农信社发展的深层次体制问题并没有被真正触及，这就使得广州市农信社在最初的几年好时光之后，很快就陷入经营的困境。

2003 年，国务院下发《关于深化农村信用社改革试点的方案》，开启农信社系统第二次改革。文件把这次改革定义为"一次特殊背景、特殊条件下的历史性探索"。而这次改革的背景则是，农信社系统全行业不良贷款 5147 亿元，占比 36.93%，资本充足率为 - 8.45%。

此时的广州市农信社，情况虽然要比全国平均水平好一些，但是形势也非常严峻。不良率居高不下、机构臃肿、资本金不足、业务种类单一、结算手段比较落后……受困于体制，广州农信社给人们的印象是"发展前途堪忧"，市场观念薄弱，固守着传统业务，服务竞争能力不强。

很多老员工回忆起那时的经营状况，都恍若隔世。"业务种类非常单一，基本还是停留在传统的存贷款业务上。各种消费信贷、票据贴现、外币业务及个人理财项目都还是空白，落后的业务种类让我们的客户和资金不断流失。"因为此时，广州市场上的几大国有商业银行先后完成商业化和市场化的改造，在业务种类上推陈出新，加速跑马圈地，争夺客户，抢夺市场。

"在资金结算上，我们也非常落后。"一位老员工回忆说，"当时我们的资金结算还是靠农行的网络进行，并没有自己独立的结算系统，中间环节很多，资金到期时间很长。很多农信社的客户因结算和提现困难而转走账户。"

落后的经营手段和市场意识的欠缺，让广州农信社在市场上节节败退，经营形势不断恶化。在广州农信社近 500 亿存款中，坏账有近 200 亿，不良率居高不下。这其中，既有历史的包袱，也有现实的原因。"行社分家"之后，广州市农信社历史沉淀贷款较多，大部分为信用贷款，后来多转化为不良贷款。另外，当时的广州农信社承担了很多扶持农业发展的政策性的非盈利业务，有些行政指令性的贷款最后因经营风险也变成了坏账。更重要的是，当时的农信社因体制纠缠，机构臃肿，管理水平较低，也导致了很多不良贷款的产生。一位广州农信社老员工回忆，"当时我们的管理是很落后的，有很多行政指令性的贷款，企业在白纸上写个借条就把钱借走了。很多时候这种贷款就转变为了不良贷款。"

负债结构不合理，经营效益差，人员素质低，管理落后，内控机制不完善……几乎每一个方面都在预言，广州农信社将在金融市场的竞争中败下阵来；似乎每一个环节都在预示，广州农信社这艘破船有可能会在江中倾覆。当时的广州市农信社员工，很少人能想到这家银行有一天会变成中国 500 强企业，因为看上去那几乎是一盘注定失败的棋局。

为什么会出现如此严峻的局面？

当我们回过头再来复盘，就会发现，最关键的原因在于农信社深层次的体制问题在第一次改革中并没有理顺，而其中最为核心的就是产权归属不明晰。在广州市农信社的净资产中，社员股金所占比重很小，占绝对优势比重的是不可分割的集体财产。产权制度的缺陷，让广州农信社具有浓厚的"官办"色彩，上级联社对下级联社的经营、分配、资产处置干预较多，实行行政指令式的管理和控制。当其他商业银行完成市场化改造，大踏步向前，广州市农信社却不能建立起真正能面对市场的经营机制，其市场地位不断下降并最终陷入困境也就不难理解了。

产权的不明晰，也让广州市农信社在发展方向上陷入迷茫。是股份合作还是股份制？应该适用怎样的管理体制？这些问题都摆在广州农信社的面前。

一叶而知秋。带着体制的牵绊，广州农信社蹒跚前行，传统体制与现实经济的矛盾，制约着广州农信社的发展，也让她在同其他金融机构的竞争中处于全面的劣势。广州农信社的改革依然处于十字路口。

第三节　破茧重生

2005年初的广州农信社正在困境中苦苦挣扎：股权分散，坏账高企，不良率超过30%，有将近200亿的历史坏账，超过38万名分散股东，员工大多年龄偏大、学历偏低，人才活力几乎无从谈起。这个成立于1952年的广州最老牌的金融机构在广州市场的份额不断被蚕食，广州同业几乎没有一家将其视为对手。在体制漩涡中苦苦挣扎的广州农信社似乎只能无奈地接受不断被边缘化的命运。而在这时，江浙地区的农信社已掀开股份制和商业化改革的面纱，体制改革如火如荼，并在改制后迸发出巨大的动力。是继续在改革大潮中观望等待，在体制的纠缠中蹒跚前行；还是壮士断腕，开始艰难的突围之路？一道关乎广州农信社前途和命运的选择题摆在了众人面前。

2005年5月，王继康①接到任命，成为广州农信社联社主任，出身于中国人民银行监管系统的他，带着改革的使命加入了这家老牌金融机构。他的走马上任，也开启了广州市农信社新一轮体制改革的帷幕。

此时，摆在广州农信社面前的，是错综复杂的体制枷锁和盘根错节的利益纠葛。错综复杂的农信系统就像一个庞大的迷宫，每前行一步都困难重重。虽然此时江浙、上海等地区的农信社商业化改制试点已初步成功，但是因为广东省农信社的情况复杂，并不能简单套用他们的改制经验，而且省内对农信社的改革模式也争论不休。

没有现成的道路可走，就只能摸着石头过河。王继康回忆初任广州农信社主任时的想法，"因为各种管理体制的缠绕和监管政策的约束云山雾罩，简直到了令人窒息的地步。我2005年刚到农

---

① 王继康，管理学博士，广州农商银行董事长。2005年5月任广州市农村信用合作联社党委副书记、主任；2009年12月至2013年7月任广州农村商业银行行长；2013年7月至今任广州农村商业银行董事长。

信社的时候，对未来蓝图也很朦胧，就是怀着一个朴素的理念：稳健经营，有效发展，不出风险。反而是随后而来的意想不到的各种阻力和压力，才促使我产生了危机意识并最终强化成为一个不屈的理念，那就是只有股份制改革，才是突破体制重围的唯一出路，只有改制成为股份制商业银行才是广州农信社挽狂澜于既倒、扶大厦于将倾的不二选择。"

要挽救广州农信社不断被边缘化的命运，必须有壮士断腕的勇气。王继康很清楚，现有体制内的缝缝补补已无济于事，只能从体制入手，才能改善广州农信社的体质。

体制突围的第一炮对准了广州农信社当时的"三级法人"体制。这种多级法人体制虽然在改革初期发挥了很好的作用，但随着经济的发展和城市化的进程，这种体制的弊端越来越凸显。三级法人体制是一种自下而上的金字塔结构，基层组织点多面广，麻雀虽小五脏俱全，这就让广州农信社的组织架构成为一种传统"腰鼓形"结构，管理线条过长，中间管理层过多。当时的广州市农信社约有三分之一的人员在各地管理岗位任职，真正下到网点和市场一线的人员并不多，管理效率低下。另外，管理线条长也同时造成机构重叠，业务操作不规范，内部信息传递失真等。因此，解决三级法人体制滋生的机构臃肿、人浮于事、效率低下、风险增大等问题迫在眉睫。"当时广州农信社法人治理结构有严重缺陷，甚至谈不上法人治理结构。有超过 38 万名分散的社员股东，内部党委会是最高决策机构，党委会决定一切事情，甚至连贷款审批都要经过党委会，这非常不合治理要求。"王继康回忆说，"我们深感到内部的体制改革对我们有非常重要的意义，要适时、及时地做好。"

2006 年，广州市农信社启动统一法人改革。改革的核心是将广州市农信社从信用合作制转变为股份合作制，将臃肿的三级法人制度用扁平化、集约化的独立法人制度取代，取消区县联社和基层社的独立法人资格，同时通过清股扩股，精简股东总人数。2006 年底，广州农信联社成立，完成了统一法人改革，结束了多级法人分散经营的状态，股东也由 38 万名大幅减少至 3 万人。股本由不到 5 个亿增至 40 亿，其中广州市政府出资 15 亿，成为最大股东。

统一法人改制成功为广州市农信社初步松开了体制的镣铐。在原来的三级法人体制下，各基层农信社和区县联社都是独立核算、自负盈亏的独立法人，市联社想要重构组织架构，首先就遇到体制的障碍。统一法人改革完成后，体制的障碍基本消除，原来的基层信用社现在相当于分行，由自主经营变为联社授权经营。

王继康开始大展拳脚，对组织架构进行优化，沿着一级法人的纵向管理思路，对农信社机构进行重设、裁撤、合并，根据业务发展需要增设部门。他一方面将审批的权限、产品研发的权限逐步集中到联社，包括信贷、财务、会计等，以防患经营风险；

2006 年 11 月，广州市农村信用合作联社成立，完成统一法人体制改革。

另一方面"拆庙填坑"，把区县一级所有与市场没有直接关联的部门全部撤销，将人员直接下放到各个网点，强化区县网点的市场营销工作，并进一步完善经营职权、管理权限、岗位约束、职责监督等一系列内控管理制度。通过一系列动作，广州农信社组织架构的"鼓肚子"瘪了下来，机构得以精简，经营管理权更加明晰。

组织结构优化之后，广州农信社开始布局人员的换血。"当时农信社大部分员工年龄大、素质低，中层几乎都是 50 岁以上的，而那时农信社员工的收入待遇还不错，压力不大，安于现状，毫无市场竞争的紧迫感，小农意识很重。"王继康回忆。因此，广州农信社要实现蜕变，人员的更替就是布局的第一步。人员的换血首先对准中层，广州农信社先是在全国范围内招兵买马，广发英雄帖，招聘中层领导。这一举动反响很大，同业的精英人才纷纷报名，给广州农信社注入了一股新的活力。紧接着就是内部大调整，中层领导重新公开竞聘，一批人才脱颖而出，走上了中层管理人员岗位。"经过几轮竞聘，中层人员以及一些关键、核心业务岗位人员的素质逐步得到了提升。"对于基层员工，广州农信社则采取补充新鲜血液的方法，积极引进高等院校应届毕业生充实基层，实现动态增量优化。同时还设计了一些土办法、土政策，比如在岗退养、允许符合条件的子女顶班等，解决了老员工退出的问题，对被淘汰下来的老人也安排了合理的甚至较为优惠的退出和补偿机制。通过几年的努力，广州农信社基本完成了人员的换血，打造出了一支战斗力、执行力不逊于同业的现代金融队伍。

体制改革必然动了一部分人的"奶酪"，新旧观念的冲突不可避免。广州市农信社因一级法人体制改革而产生的内部变革，在一开始阻力非常大。原来在区县两级有很多的管理人员，将这些人释放到营销第一线并非易事，更何况，岗位的变化关系到个人的利益、观念的冲击。因此，在广州农信社内部有各种各样的不理解，各种各样的阻挠以及抵触。但是，在改革大潮面前，无论是不解和抵触，还是思想僵化和因循守旧，都将被滚滚浪潮冲刷而去，广州农信社开始艰难重生。

第四节　凤凰涅槃

统一法人改革只是改革的第一步，广州农信社自我变革的脚步没有停止。广州农信社领导团队很清楚，体制改革还没有完成，他们有一个坚定的目标，一定要将广州市农信社建成为一家自主经营、自负盈亏的现代商业银行。"只有这样，才能真正独立地在市场中谋生，才能成为一个百年老店。"因此，在统一法人改革完成后，股份制商业银行的改造也开始提上日程。3 年之后的 2009 年 12 月，广州农信社完成股份制商业银行的改制，广州农商银行正式挂牌成立，成为广东省首家挂牌的农商银行，也掀开了其发展历史新的篇章。

冰冻三尺，非一日之寒。广州农商银行成功改制的背后，有着许多不为外人所知的辛酸，亦克服了来自内部和外部的巨大阻力。谈及这些，王继康感慨万千，"挂牌成为银行对于外部社会来说似乎是一个突然的转变，但其实改革的过程是极其艰难和漫长的，几天几夜也说不完。这其中我们要克服来自内部、外部的各种障碍。比如有内部各种硬性经营指标、业务和管理基础的约束，还有外部关系的理顺，等等，这些我们都要一一克服，如果不是外部的阻力和羁绊，我们可能会走得更快些。"

改制首先遇到的"一面墙"就是各方的顾虑以及对广州农信社改制模式的争议。当时主管部门对广州农信社改制成为商业银行是有所顾虑的：一方面是担心商业化改制会影响广东省信用联社对广州农信社的管理和领导，进而影响到全省农信社改革的大局；另一重顾虑则是担心改成商业银行会影响广州农信社对"三农"和涉农企业的扶持力度。所以，主管部门对于广州农信社是否启动股份制商业改制态度不明朗，并没有明确的意见。

另外，对于广州农信社的改制模式，也存在很大的争议。是一步到位改成股份制商业银行，还是全省一盘棋稳步推进，先采取股份合作制的模式？主管部门也没有形成统一的意见。而且，对于在改制过程中是否引入资本运作也存在不同的见解，有支持的声音，也有反对的声音。"横看成岭侧成峰"，对于迷雾重重的广州农信社改革，何去何从亦是艰难的抉择。

即便要改制成商业银行，当时的广州市农信社也还背负着沉重的历史包袱，达不到商业银行的准入门槛。因为历史原因，广州农信社无论是资本充足率还是不良率都离监管部门对商业银行的要求有一定的差距。至 2008 年末，广州农信社资本充足率仅为 5.85%，低于监管部门要求农商银行不低于 8% 的标准。而且，依靠合作制下股权分散的社员股东来补充资本金的渠道和能力有限，抗风险能力偏弱。同时，由于历史原因，广州农信社背负着 67.27 亿元的不良贷款包袱。在不改制的情况下，需要至少 10 年才能通过自身盈利消化，如果进行改制则将面临如何化解巨额不良贷款的问题。

改制的局面不容乐观，但是弓拉半弦不得不发，改革从来没有回头路。2008 年的全球金融危机，坚定了广州农信社继续体制改革的决心，也坚定了主管部门的决心。因为金融危机的波及，广东经济在 2008 年处于下行通道，广州银行业也面临较大冲击，广州农信社在市场中的竞争劣势更加凸显。严峻的形势让广州农信社有了更多的忧患意识，他们更加确信，只有对广州农信社进行股份制改造，才能保持自身活力，提高在广州市场的竞争力，积极应对危机冲击。王继康回忆说："尽管面临各种阻力，但我们决心很大，努力内强素质、外树形象，只做不说，或多做少说，默默地认认真真地练好内功。其实，从 2006 年统一法人时我们就是按照现代先进商业银行的发展模式来打造我们的组织架构和经营机制。"

2008 年末，国务院正式颁布《珠江三角洲地区改革发展规划纲要》，为广州市农信社的股份制改造提供了难得的机遇和契机。文件提出"支持广州市、深圳市建设区域金融中心，构建多层次的资本市场体系和多样化、比较完善的金融综合服务体系"。文件颁布后，广州市政府明确支持将广州农信社改制为农商银行，并支持改制后的广州农商银行做强做大，以满足广州产业结构调整升级和"三农"发展对金融服务的新需求。此后，广州农信社改制开始加速推进。

2009 年 6 月，广州市农信社正式启动商业银行改制。在消除了各方对广州市农信社股份制改造的顾虑和分歧之后，摆脱资本金不足和不良贷款包袱便成为改制路上必须啃下的"硬骨头"。

当时在江浙、上海等地区已有农信社改制成农商银行，这些农商银行处置不良资产的方式主要有三种：一是通过自我发展消化历史包袱；二是靠政府出资置换历史包袱；三是借助市场力量处置不良。在这三种方式中，靠政府出资置换不良资产是主要手段，自身消化和借助市场力量都只是辅助手段。

对于广州农信社来说，如果靠自我发展消化历史包袱，至少需要 10 年，时间上等不起；如果靠政府出资置换，一者是增加政府负担，二者会给股份制改造留下"尾巴"。最后，经过慎重的考虑和集体讨论，征得主管部门同意，广州农信社决定"试水"市场手段，通过市场的力量来处置不良资产，具体方法就是通过资本运作来进行股权改造与处置不良资产。广州农信社需要接受市场的考验。

很快，资本运作方案完成。通过清产核资，广州农信社决定在原有 40.23 亿元股本金直接转入的基础上，再通过增资扩股募集部分资金,以实现资本充足率、不良贷款率等主要监管指标达标,达到农商银行的准入条件。但是,增资扩股又面临一个问题:历史形成的不良资产如何处理?如果增资不涉及不良资产,那么不良资产就得不到化解;如果增资要用来购买不良资产,投资者是否愿意"买单"又不得而知。最后,广州农信社大胆决定将新增股份的一部分用来购买不良资产,以一次性的化解历史包袱,解决历史遗留的资产净额不足问题,达到准入条件。

"要实现改制目标,必须同时兼顾资本充足率和不良贷款率达标。要在短时间内充实资本,可通过增资扩股。但要在短时间内大幅压降不良资产,仅靠自身力量清收几乎不可能实现。"时任广州农信社党委书记黄子励①是广州农商银行筹建工作组组长,回忆起改制过程,他感慨万千。"为此,我们根据自身实际情况,结合其他地市农商行改制的成功经验,采取每股出资额中的1元为入股资金,用于广州农商行的资本金;另外1.8元作为投资人自愿出资,用于处置广州联社的不良资产的做法,最后使资本充足率和不良贷款率均达到监管要求。"

通过一系列运作,增资扩股顺利推进,新投资者按每股2.8元认购广州农信社新增股份28.5亿股。用市场手段来化解历史包

---

① 黄子励,现任广州银行董事长,曾任广州农村信用社联社党委书记,2009年至2013年任广州农商银行董事长。

袱的大胆决定也得到市场的认可，新投资者自愿按每股 1.80 元出资购买了原有不良资产 51.3 亿元，这一价格刷新了全国出资人自愿认购不良资产的价格纪录。

"出台这一方案，当时我们是有压力的，毕竟要投资者拿出每股 1.8 元来购买原有不良资产。"王继康回忆，"但是市场非常踊跃，认购比例达到了 3∶1。"市场的踊跃从一个小故事可见一斑。得知增资扩股的消息，广州一家知名地产公司马上组织了 30 多亿的资金，准备大规模入股，但最后只买到了 10 多个亿。

通过市场手段，广州农信社实现了增资扩股的工作目标，股本金由 40 亿增加到 68.73 亿元，同时也有效地化解了长期困扰其经营发展的巨额历史包袱，为改制后的农商银行拓展了发展空间。

广州市农信社这一通过引入国有和民营资本大规模、高比例参股并购买不良资产，成功解决历史遗留问题的方式，开创了农信社改制为农商银行资本运作成功的先河，被称为农信社改制的"广州道路"。王继康在改制成功的一次内部会议上动情地说："银监会多次在会议上提出，广州农商银行的改革为全国开创了又一个新模式、新路子。我行之所以能完成这一举措，与多年来扎扎实实做业务、取得不俗的业绩、获得客户信任是分不开的。近年来我行业务发展速度有目共睹，给投资者的回报也不低，投资者对我们有信心，才愿意出高价来买我们的股票。"

2009 年 12 月，广州农商银行正式挂牌成立，筹建工作仅仅用

2009 年 12 月，广州农商银行改制开业。

了半年，这是一个前所未有的速度。改制成功后，广州农商银行迅速焕发出新体制的活力与生机。在接下来的 2010 年，广州农商银行各项业务稳健快速发展，资产质量显著改善，盈利能力大幅提升。截至 2010 年末，总资产 2155.6 亿元，同比增长 26.4％；各项存款余额 1848.6 亿元，各项贷款余额 1057.1 亿元，分别增长 21.3％和 15.6％，在增长额和增长率上均居广州地区同业前列。2010 年成功收回不良资产 13.3 亿元，不良贷款余额 7.1 亿元，不良贷款率 0.67％，分别较 2010 年初下降 5 亿元和 0.65 个百分点，不良贷款余额和不良率均达到历史最低点。

不经历风雨，怎么见彩虹。如今的广州农商银行已经成功进入中国企业 500 强，是广州地区涉农贷款规模最大、占比最高的银行机构。在外界看来，这家银行的改革似乎都是顺应潮流的自然结果，但对于这家从建国就成立的老牌金融机构来说，改制是一步一步的艰难突围，是破茧化蝶的艰难重生。脱胎换骨的华丽蜕变背后，是广州农商人自我革新的魄力和勇气。

第二章　蓝海在哪里？

"这是一个最好的时代，也是一个最坏的时代。"广州农商银行行长易雪飞[①]曾多次引用狄更斯《双城记》中的这段话来描述银行面对的机遇和挑战。2010 年，刚刚完成商业银行改制的广州农商银行，面临的就是这样的境况。

"这是最好的时代"——曾经在历史泥潭中苦苦挣扎的广州农信社实现华丽转身，顺利变身为股份制商业银行。在改革的主旋律下，广州农商银行初尝胜利的果实，成为广州金融市场一支不可忽视的力量。

然而，这又是"一个最坏的时代"——伴随城市化的进程，广州农商银行赖以生存的农村金融市场被不断压缩，利率市场化的脚步越来越近，原有的经营模式难以为继。更糟糕的是，随着

---

① 易雪飞，广州农商银行行长。曾任广州农信社联社副主任，广州农商银行副行长，2013 年起任广州农商银行行长。

广州市场银行业的跑马圈地运动，广州农商银行面临的市场竞争越来越白热化。所有的这一切都意味着，改革红利效应正在逐渐消退，原有领地在激烈的市场竞争中正被逐步蚕食，原有的以规模扩张为导向的发展方式也正在逐渐失效。

棋至中盘，如何落子？新生的广州农商银行如何应对各种严峻的挑战？追逐现代金融企业的梦想的出路又在何方？面对内忧外患，只有转型发展的华山一条道。面对发展困境，转型成为突破险滩，驶向现代金融企业彼岸的唯一选择。

第一节　倒逼出来的转型

一、"内忧外患"

对于刚刚完成商业银行改制的广州农商银行来说，虽然挣脱了体制的羁绊，但是，这并不意味着摆在面前的，就是一条平坦的康庄大道。改制难，但是，改制后的生存和发展更难。农信社改制为农商银行，在体制、机制和自身实力方面，都有了大幅的改善和提升，这是事实。但是，广州农商银行此时面临的发展环境和外部形势，却并不容乐观。如果说这家银行以前面临的是生存危机的话，那么现在她所面临的则是发展的危机。这种危机，甚至比以前要更加严峻。

如果我们要用一个词来概括广州农商银行当时面临的危机,那么,"内忧外患"这个看着惊心动魄的词汇或许不失贴切。

"外患"首先是指传统领地的逐渐丧失。城市化浪潮汹涌而来,不断蚕食着农村市场空间,桑基鱼塘、村庄农田逐渐被高楼大厦、机器厂房取代。虽然分享了农民拆迁补偿款转换为存款的大部分成果,但惯常的资产业务产品已没有销路,这成为摆在刚刚起步的广州农商银行面前生死攸关的问题。在一次接受记者采访中,王继康曾感慨地说:"原来我的主要市场农村腹地非常广阔,但醒来一看,赖以生存的鱼塘、村庄、农田完全被高楼大厦、机器厂房取代了,我的家园没有了,这时候怎么办?"农村市场的逐渐萎缩,直接的后果就是赖以生存的空间被压缩,原来定位于服务"三农"的广州农商银行,如何面对挑战?

来自市场方面的压力也是迎面而来。随着各金融机构在广州城区市场新一轮跑马圈地运动的接近完成,城区金融市场日趋饱和,加之国家政策的不断引导,广州市场上的各家银行机构开始不断加快在城乡结合部以及农村金融市场的布局。广州农商银行原来在农村市场的明显优势,开始遭遇挑战。本已逐渐萎缩的领地,现在还要面临其他金融机构的强力竞争,这就让本已严峻的市场形势更加雪上加霜。

更重要的是,一直以来缓缓潜行的利率市场化步伐正在加速,对传统的经营模式和盈利能力步步紧逼。虽然因为改革红利的释放，广州农商银行在过去的几年高速发展，资产规模和盈利能力稳步上升，但是众所周知的是，这家银行的主要利润来源还是存贷款利差收入。虽然已经开始中间业务和其他新兴业务的探索，但是进展缓慢，还远不足以支撑起银行前进的脚步。而一旦利率实现市场化，那么，广州农商银行的利差收入将压缩，盈利能力也将面临严峻的考验。

二、"固农进城"

面对新的市场挑战，新的经营局面，怎么办？是固守农村市场，还是开拓城市 CBD？这不仅仅是发展问题，更是存亡问题。这道难题摆在了所有广州农商人的面前。不转型，改革将难以突破；不转型，就极有可能在激烈的市场竞争中败下阵来。"其实，大家心里都很清楚，我们不能死守传统农村市场的一亩三分地，但是，具体要怎么办，我们心里都没底。"易雪飞这样回忆说。

2010 年初，初春的羊城还带有一丝寒意，但是广州农商银行总部会议室却热气腾腾，年度工作会议正在这里举行。正是在这次会议上，该行确定了转型发展的战略方向。黄子励在大会发言中说："我们完成了从广州联社到广州农商行的'蜕变'后，要按照股份制商业银行标准，加快业务创新与转型。""在按照商业银行经营管理模式开展营运的基础上，努力探索具有自身特色的经营发展方式,并在此方面取得新突破和新成效。"

王继康将战略转型提高到生死存亡的高度,他说:"战略转型成功与否,关系到我行未来的发展,决定了市场份额能否越做越大。如果现在还不及时意识到战略转型的重要性,将来开展业务就会像盲人骑瞎马,夜半临深池,非常危险。"

正是在这样的背景中,广州农商银行启动了以"固农进城,增量扩张"为主题的第一次战略转型。对于这一次转型,王继康回忆说:"这次转型的背景是城市化进程不断压缩我行赖以生存的三农市场空间,传统的优势领地被现代城市取代,惯常的产品和服务逐渐没有市场没有销路,其结果就是生存空间越来越萎缩,越来越被边缘化。面对市场环境的深刻变化,要持续获取市场利益,就必须重新定义业务结构,为此我行启动了以'固农进城'为主题的一次转型,在巩固传统农村市场并满足新'三农'金融需求的同时,开始向城市经济进军。"

但是,想要"进城"并不容易。广州农商银行很快发现,无论是网点布局、人力资源还是信息技术、后台设施,"都有点技不如人、器不如人的感觉,中心城区网点更是一片空白。"王继康用了一个形象的比喻,将刚刚"进城"的广州农商银行比喻为穿草鞋、戴草帽的"游击队",而国有四大行则是装备精良的"正规军"。

怎么办?广州农商银行找到了差异化这把钥匙。决定利用差异化的策略捕捉市场机会、寻求城乡业务的均衡发展，拓展生存空间。为此，王继康提出了"三个市场"的概念，有竞争白热化的"红海市场"，有相对不那么血腥的"紫海市场"，以及农村金融部分的"蓝海市场"。"我们要在分别代表红海、紫海和蓝海的三个市场都能立足并分得一杯羹，占有一席之地。"

第一个市场是指中心城区，这是竞争激烈的红海。在这个市场中，广州农商银行毫无优势可言，只有劣势。比如，在天河中心 CBD，四大行和外资银行网点扎堆，但是广州农商银行却几乎没有网点；在城区市场，她是一个迟到者。而且，无论是人才素质还是创新能力、技术能力，都处于劣势。但是，这个市场又决不能放弃，因为这将是改制后的这家银行今后的重要战场。

紫海市场是指城乡结合部，这是广州农商银行的传统领地，无论是地缘还是人缘都有较好的历史基础，也是主要利润增长点。但是，随着其他银行机构纷纷在城乡结合部设立网点，这一传统领地正面临竞争。广州农商银行需要巩固原有的优势，同时在产品、业务创新和服务上进行提升。

蓝海市场是指比较偏远的郊区、农村。在这个市场中，它具有绝对优势，其他银行机构几乎没有或很少有网点分布。但是从商业的角度，这个市场需要进一步培育，需要通过创新和服务，积极引领，孵化这个市场的潜在需求和活力。

在"三个市场"认知的基础上，广州农商银行以差异化策略在"三个市场"谋求竞争优势，实现艰难的转身。在劣势明显的中心城区市场，采取探索者策略，提高市场认知度；对具有相对优势的城乡结合部市场，采取防御者策略，巩固传统领地的同时，积极创新产品服务，应对城市化与同业挤压的挑战；对具有绝对优势的偏远郊区、农村市场，采取分析者策略，提高网点效能，履行社会责任，以创新和服务引领、激发潜在需求。

三、春华秋实

在广州农商银行改制 5 周年庆典中，王继康曾说过这样一句话："在历史机遇的关键期求得一线生机，在市场竞争的夹缝中谋得一席之地，在政策影响的叠加下争得一方空间。"如果说，广州农商银行改制是求得"一线生机"的话，那么，第一次"固农进城"的战略转型就是"在市场的夹缝中求得一席之地"。

对于处于历史关口的这家银行来说，转型迫在眉睫，但是，具体路径却无迹可寻，只能靠自己摸索。在"三个市场"认知以及差异化经营策略的前提下，广州农商人坚信，坚持产品和服务的创新提升，才能赢得市场。

对于银行业的创新提升，王继康曾有一个形象的比喻，"银行要把自己看成开酒楼的，要见客上菜，如果天天给湖南人吃粤菜，肯定不受欢迎，天天给外国人吃中餐那也够呛。"所以，他一直强

调，"只有按市场逻辑行事，才能在市场竞争中脱颖而出。"银行
要真正把自己视为服务业，真正重视市场需求的变化，寻求内生
式的发展。

以产品创新为手段，广州农商银行向三个市场发力进军。

在传统领地的紫海市场和蓝海市场，广州农商银行依托地缘、
人缘优势，多向拓展业务渠道，重点解决业务和产品单一的问题。
根据市场需求，推出一些更符合农村市场的金融产品，比如根据
农户的农业经营和收入特性，推出农户小额信用贷款、订单农业
贷款、农户股金分红"质押"贷款。根据村民做生意经营之需，
推出村民经营贷、创业贷。根据村社集体组织的经济发展需求，
推出宅基地上盖物业升级改造贷款、村社组织贷款、村社高管贷
等等。通过这些金融产品，广州农商银行稳固了自己在农村金融
市场的地位，同时也有意识地培育了远郊的蓝海市场。

在中心城区的红海市场，广州农商银行也力图有所斩获。根
据市场需求，开发融资新产品，加大对商贸市场、专业市场、批
发市场的金融创新，积极拓展新型信贷业务，加快对短期贷款用
途、期限、利率、还款方式的创新组合。通过一系列创新金融产
品的推出，它初步在城区市场站稳脚跟。

春华秋实，"固农进城"的战略转型激发出巨大活力。以差异
化策略为前提的创新发展之路，很快结出了累累硕果。到 2011 年
初，城市经济在广州农商银行的业务占比首次超越了"三农"经

济，实现了从农村到城市的转型。更重要的是，以前的业务产品相对单一的局面得到彻底的改善，通过产品创新，农商银行的业务品种得到极大丰富，客户结构和存款结构也得到极大的改善。

然而，广州农商银行并没有停下改革的脚步，因为新的市场环境，再一次战略转型正准备破土而出。

第二节　革故鼎新，高位求进

2011年，全球经济形势一片愁云惨淡。美国次贷危机引发的全球经济阴云还未散尽，随之而来的是欧洲主权债务危机蔓延，希腊、葡萄牙等国家债务风险愈演愈烈，欧洲经济陷入温和衰退，国际金融市场受欧洲主权债务危机的影响动荡不安。回到中国，受全球经济衰退的影响，外贸出口额持续下滑，想通过外贸拉动这匹经济的引擎显得动力不足，经济形势不容乐观。与此同时，部分行业产能过剩矛盾突出，市场呈现下行态势，比如钢铁、水泥、光伏等等，产业结构面临深度调整。加之人力成本上升，原材料价格飙升，很多企业举步维艰，尤其是小微企业，外部市场萎缩与企业综合成本上升双碰头，经营压力巨大。面对新的国内经济形势，中国经济调结构的需求呼之欲出。

中国经济结构面临深度调整，金融改革朝纵深推进，利率市场化、汇率国际化、金融脱媒化都迈出新步伐。这一切都意味着中国银行业整体高速发展的黄金时代不再，银行业将步入拐点。面对新常态、新变革，广州农商银行如何面对？是固步自封，在新的市场环境中逐渐沉沦；还是革故鼎新，拥抱新的市场竞争？

一、新的征程

古人云，"安而不忘危，治而不忘乱，存而不忘亡。"通过"固农进城"的战略转型，广州农商银行实现了从农村到城市的进军，在实现业务均衡发展的同时，也拓宽了自己的生存空间。但居安思危，该行看到了在新的市场环境中原有的发展模式和经营模式的危机，管理层当时形成了一个共识："经济新常态催生了金融监管政策的新变革，使银行面临利率市场化、汇率国际化等金融改革的严峻考验。银行业将重新洗牌。""重新洗牌"的背后是更加严酷的生存竞争，如果一味躺在过去的功劳簿上，等待她的命运就是被市场大浪淘沙，虽然赢了上半场，但最后的结局必是惨败。面对"重新洗牌"的市场考验，应该怎么办？这是横亘在广州农商银行面前的一道难题。

对于这道市场难题，这家金融机构的回答是改革和拥抱市场，这是在新的银行业变革中打开宝库之门的金钥匙，"只有为银行注入市场基因，才能更具有生命力和适应力，更易在市场浪潮中乘风破浪。"在一次全行中层干部会议上，王继康这样说。

源于危机意识和市场逻辑，广州农商银行再次上路，开启了一段"高位求进，二次转型"的新征途。2011 年初，该行启动了第二次战略转型，"在第一次转型站稳脚跟后，我行启动了以'均衡发展、内涵集约'为主题的第二次转型。主要是推进客户结构从注重大客户向注重中小微客户转变，收入结构从单一靠息差收入向多元提升中间业务收入转变，市场结构从单一注重本地市场向全国市场布局转变，并先后对组织架构进行了扁平化再造、条线化改革，探索事业部运作，从机制上实现了跨越式发展。"王继康回忆说。

对于广州农商银行来说，如果"固农进城"的第一次战略转型是抢滩登陆、拓展生存空间的话，那么第二次战略转型就是延展纵深、精耕细作，"是对第一次转型的螺旋式上升，实现由量到质、由外延到内涵、由粗放到精细的转变。"而第二次转型，将给这家银行带来更多深层次的变革。

二、"以变应变"

回溯广州农商银行快速崛起的历程，我们会发现，这是一个中国银行业"野蛮生长"的典型样本。长期以来，我国银行业的发展延续的是依靠风险资产规模扩张的资本消耗模式，广州农商银行亦如此。以速度和规模扩张为核心的粗放式发展和以息差收入为主要收入来源的盈利模式，是其一路狂奔的两大依托。依靠这两个助推器，该行经历了一段黄金发展期，存贷款规模高速增长，盈利能力大幅跃升。尽管在历次改革中，银行的具体经营策略会有变化，但是这并没有扭转速度情结和规模偏好，经营中仍然注重业务规模和机构规模的大型化和市场广度的拓展。

然而，随着我国金融改革的深入，监管机构对银行资本的监管日益收紧，加之利率市场化的持续推进以及技术脱媒、金融脱媒的趋势，这种粗放式的单纯追求市场份额的风险资产扩张模式已不可持续。

广州农商银行准确地意识到这种变化，在 2011 年初的全行工作会议中，黄子励提醒："银行过去拼规模拼速度的外延式道路已步入死巷，金融监管政策的新变革，将使银行业重新洗牌。""随着国家稳健的货币政策和监管部门新监管标准的实施，我们要加快经营发展方式的转变，不能简单依靠信贷规模的常规粗放增长，而要改进金融服务方式，创新和丰富自身的金融产品，拓展资本消耗较低的资本集约型、节约型业务，既要保证资本充足率持续达标，又要促进业务可持续发展。这也是我们在日益复杂的经营环境下提高发展质量的必由之路，非干不可。"

严峻的现实也让转型势在必行。2009 年，广州农商银行进行股份制改造时，设定了股本金 68.73 亿元，资本充足率达到 13％以上，当时预计可以满足未来 3 至 5 年的业务发展。但随着监管部门对资本充足率的监管标准逐步提高，以及业务发展和异地拓展速度加快，原来设定的股本金经过不到两年的消耗就不够用了。虽然广州农商银行在2011年又新完成定向募股12.8亿元，但是如果不实施战略转型，新募集的股本金很快就会消耗完毕。只有改变传统的"三高"发展模式，才能实现可持续的健康发展。

"罗马不是一天建成的"。知易行难，要进行一场深入骨髓的变革并不容易。对于广州农商银行来说，过去近十年那种无往不胜的"高资本消耗、高成本、高风险偏好"的外延式扩张之路，逐渐走向了尽头，如何在高速发展的同时应对好资本约束的紧箍咒，成为必须面对的新课题。另一方面，随着存贷款利差空间的缩小，以往那种不计成本地获取资金，随行就市投放资金，然后坐等获利的经营策略将彻底失效。能否在经营中获得预期收益，考验的将是各家银行对于资金的运营能力和资产负债的综合管理能力。如果不能在上述两种能力上获得提升和突破，未来，即使能够凭借自身传统的网点、人缘、地缘优势获得资金，也不一定能够实现盈利。规模不经济，将成为一个挥之不去的魔咒。

"拉存款，放贷款，赚利差为主的传统业务模式已经不可能持续下去，必须探索新路，建设又大又好的银行。"在一次全行会议上，易雪飞这样描述未来的方向。

广州农商银行需要在新的市场环境下转身，寻找到一条长远的、可持续发展的新的商业模式和发展道路，转变与新的市场环境不相适应的经营理念、发展方式和管理模式，实现粗放式经营向精细化管理、外延式扩张向内涵式发展的转变。这一点，在当时的广州农商银行成为了共识。规模与速度已经不再是它关注的焦点，质量和效益逐渐成为发展战略和经营策略聚焦的核心。"只有能够以变应变的银行才能成为市场赢家"。

三、脱胎换骨

"变"已是共识，然而，要怎么"变"？朝哪里"变"？怎么破局？对于广州农商银行来说，当时面临的困局其实也是一次重生的契机，如果成功实现转型的质变，也就能促使自己脱胎换骨，开启一段新坦途，真正实现现代金融企业之梦。

以"高位求进，二次转型"的战略转型为逻辑起点，广州农商银行提出了"经营理念之变、业务结构之变、人才素质之变、盈利模式之变、渠道拓展之变"的战略目标，开始艰难的二次转型。

首先是"经营理念之变"。一直以来，广州农商银行都有规模冲动和速度情结，而且在很多人看来，这一方式也是过去几年高速发展的成功法宝。这一根深蒂固的观念要改变非一朝一夕之功。"转变很难，虽然我们一直强调要把质量和效益作为首要目标，但是因为惯性左右，很多分行和网点还是将主要精力用来拉存款、拉客户，不计资本地冲规模、争份额，不顾风险地争放贷款。"易雪飞这样回忆。为改变传统的经营理念，广州农商银行在制度上也进行了一些设计，通过资本约束、财务约束和风险约束，来克制具体工作人员的规模冲动。开始，这些制度设计遭遇很多的不理解，很多分行的行长经常私下发牢骚，说是套上了紧箍咒。但是，在银行业面对的新形势下，基层的员工也逐渐看清了未来的发展方向，意识到原有的经营理念蕴藏着巨大的风险，也是不可持续的。只有高质量的、有效益的发展，才是真正经得起时间检验的新的发展模式。通过业务创新和技术创新来推动业务发展，成为广州农商银行共同的探索诉求。

其次是"盈利模式之变"。广州农商银行之前主要依靠存贷息差收入为主，随着市场化利率的脚步越来越近，该行开始积极探索中间业务发展的组织管理，强化中间业务的地位和作用。在一次内部会议上，王继康这样说："现在整个金融市场是同质化竞争的市场，大银行、中银行、小银行没有专业化分工与边界，未来三年、五年后，中国银行业会有一个分化过程，这个分化主要是在中间业务、表外业务、创新业务上看谁能更好转型。"

盈利模式之变，不仅需要长远的战略眼光，也需要循序渐进的操作艺术。通过产品、业务、科技、管理上的创新，广州农商银行不断做深产品线，拓宽业务领域，延展收益链。

吴慧强，广州农商银行副行长，他亲历了这家银行业务结构和盈利模式的变化。"过去农信社时代，我们的业务非常简单，就是存贷款业务，其他业务基本上没有。存贷业务中，对公业务和零售业务基本是三七开。"以"盈利模式之变"为推动力，广州农商银行的业务领域和盈利模式开始了改变，结算业务、票据业务、债券业务、拆借业务……一个又一个的现代金融业务开始破土而出、生根发芽、开枝散叶，一步步从无到有，逐渐壮大。"通过改革，我们的新兴业务发展很快，金融市场部成为了比肩零售业务和对公业务的第三大板块，形成了三足鼎立的态势。"吴慧强自豪地说，"在利润贡献上，我们的金融市场占比也越来越大，大有超过传统对公与零售业务之势。中间业务收入也在稳步增长。"

再次是"客户结构之变"。对于广州农商银行来说，客户结构的转型最为关键的一个转变，就是从注重大客户向注重中小微客户转变。

作为一家从农信社转变而来的银行，广州农商银行本就承担了服务"三农"的责任，在中小微客户的服务上有很好的传统。另外，开展小微业务的一个前提是需要一定的网点优势，这恰恰是这家银行的优势：在广州市该行有 600 多家网点，是广州市网点最多的一家银行。而更重要的一点是，在这家银行看来，小微客户在新的市场环境中，是一个有着长尾效应的能力巨大的市场，是银行业务的一片新蓝海。在未来银行业的竞争中，谁能抓住小微客户，谁就能抓住未来。小微客户也是未来银行业务增长的关键。

因此,广州农商银行将服务中小微客户提高到战略高度,并与德国 IPC 国际金融公司合作,专门设立了微小金融事业部,为小微企业提供专业的金融服务。希望通过创新产品和服务,紧紧抓住中小微客户,在这片市场的新蓝海中开疆拓土。

对于开展小微业务,在王继康看来,除了市场的原因,还有情感的因素。"广州是我们不能背弃的家乡"他说,"我行生于斯,长于斯,发展定位就是服务本土、服务三农、服务小微、服务社区,我们的行徽是十粒金米,形似稻穗,寓意我们会以服务三农、服务穗城为本。"

广州农商银行还积极推进市场结构从单一注重本地市场向全国市场布局,稳步推进跨区域发展战略。对它来说,走出"围城",开始跨区域经营,是其发展壮大的关键一步。市场结构的全国市场布局,也是生存的需要,"走出去一方面是自身发展需要使然,另一方面是被逼无奈,两种原因都有吧。因为别人来抢我的地盘,除了深耕广州本土,尽可能牢牢守住我的地盘之外,一定要向外拓宽市场,迈向全国,否则我们的市场会越来越萎缩,越来越边缘化。"王继康回忆说。

随着金融改革的推进,各金融机构在广州市场加速布局,广州市场的竞争越来越趋于白热化,客户资源已基本饱和。要想实现快速发展,就只有走出去抢占异地资源。对于广州农商银行来说，实施跨区域经营战略，有利于区域性银行克服在渠道、顾客、业务等方面的短板，进一步提升服务能力，能有效规避对单一地区、单一顾客群体以及行业地域性集中过度依赖的风险。因此，跨区经营对于广州农商银行而言，并不是扩大"地盘"的冲动，而是实实在在的生存策略。

在这样的背景中，广州农商银行开始稳步推进跨区发展战略。在"辐射华南、延伸全国"的目标之下，它开始向全国市场布局，一步一个脚印，稳健前行。为适应二次转型的需要，还先后对组织架构进行了扁平化再造、条线化改革，探索事业部运作，并对业务流程、管理流程进行优化提升，一系列内部管理变革如春潮涌动。

通过两次战略转型，广州农商银行在迈向现代金融企业的道路上又走出了坚实的一步。如果说以前的广州农商银行是涉农业务一支独大的话，那么现在的农商银行则是城市经济和农村经济"双轮驱动"，实现了农村和城市业务的平衡发展。与此同时，这家金融机构的经营理念、盈利模式也迎来了质的飞越，公司业务与零售业务齐头并进，金融市场开拓进取，金融产品不断创新、内部改革不断推进……一个充满活力的、锐意改革的金融机构正在改革中不断孕育、生长。

第三章　追寻组织效率

从诞生伊始，广州农商银行就从未停止过改革的脚步。作为广东省农村金融改革的先行者和探索者，它在改革道路上走出的每一步，都被业界寄予厚望；它的每一次探索，都被赋予更多的样本意义。从2006年统一法人改制工作完成开始，广州农商银行悄然推进公司法人治理的"革命"。十年磨一剑，锋芒初露。从启动改革到今天，通过三轮组织架构的调整，公司治理改革已初见成效，一个治理完善、管理先进、经营稳健、文化向上的现代化商业银行已呼之欲出。

广州农商银行的组织变形是一段怎样的历程？这种组织架构的改革对于一家新生的商业银行来说意味着什么？改革的台前幕后又有着怎样的故事？

第一节　阿喀琉斯之踵

从 2006 年完成统一法人改制开始，一个现代金融企业之梦便在每个广州农商人的心中萌生、发芽、生根。但是，背负着传统农信社时期层层负累的这家老牌金融机构，要实现这一梦想却并非一朝一夕之功，注定要经历更多嬗变的阵痛，也要经历更多的磨难。

前行之路中，首先遇到的一个缠绕和牵绊就是传统金字塔形的组织架构，以及由此而生的种种弊端。

改制之前的广州农信社是一家三级法人的金融机构，组织架构沿袭传统自上而下的金字塔式结构，基层组织点多面广，"麻雀虽小，五脏俱全"。"1998 年成立广州市信用合作联社的时候，每个区县都有一个联社，全广州市并没有统一。每个区县联社都是一个独立的法人，也都有自己的一整套管理机构和管理人员。"王继康回忆说，对于这种组织架构，他有一个形象的说法，"多层级的'腰鼓形'组织架构，管理线条过长，中间管理层'鼓肚子'现象非常严重。"

在《荷马史诗》的传说中，英雄阿喀琉斯勇猛无比，刀枪不入，但是他全身却有一个最脆弱的地方——脚踝。在攻打特洛伊城时，阿喀琉斯被阿波罗一箭射中脚踝，地动山摇的瞬间，英雄轰然倒地。这就是传说中的"阿喀琉斯之踵"。

对于广州农信社来说，传统组织架构所呈现出的种种弊端便是自己的"阿喀琉斯之踵"。这种金字塔式的"腰鼓形"组织管理线条过长，导致上下沟通的成本很高，反应速度很慢，很难满足客户日益增长的金融需求。"很多时候都是文件的漫长旅行，什么事情都做不了，等上级的文件下来黄花菜都凉了。"一位老员工这样回忆当时的状况。更重要的是，多层级的管理架构导致人浮于事，管理人员扎堆，真正的业务人员奇缺，组织内官僚主义习气严重。"鼓肚子的组织架构暴露出太多的弊病，包括效率低下、上下沟通阻滞、信息传递失真、人力资源配置不合理等等。"王继康回忆说。

如果不改变这种鼓肚子现状，这家老牌金融机构在激烈的市场竞争中轰然倒地也未可知，因此，组织架构的变形迫在眉睫，也势在必行。这是当时管理层的共识。

要解决这个问题，唯一的办法就是对这种组织架构进行"瘦身"：减少管理层次、压缩职能机构、裁减冗余人员等等。在这种"瘦身"的过程中，一场扁平化的组织变形逐步推进，一种全新的扁平化组织架构在广州农信社应运而生。

与传统的金字塔式组织架构相比，扁平化的组织架构灵活、敏捷、快速、高效，更加适应混业经营背景下变化莫测的金融市场竞争。如果说传统的金字塔式科层组织是一个体态臃肿的"胖子"的话,那么扁平化组织架构便是身材苗条的"女神",对瞬息万变的市场信息能够及时反应,内部沟通简洁高效,使得整个组织的竞争力更强、更有效率。因此,随着银行业务范围的扩大,经营范围、市场跨度的拓展,原有的直线形的组织架构越来越显现出弊端,"扁平化、条线化、矩阵化"的组织形式逐渐取代了原有的直线形组织。

"组织架构的调整是企业内部环境和外部环境变化所导致的一种很自然的结果,如果不对原有的组织架构进行调整,战略转型、经营模式的转型都无从谈起。"回忆起往事,王继康云淡风轻。

随着中国经济与世界经济加速融合,中国金融改革开放的步伐明显加快,中国金融市场呈现出新的面貌。新的市场环境,要求商业银行能快速地对市场做出反应,并根据客户需求提供丰富的金融产品。对于当时的广州农信社而言,要实现向现代商业银行的转型,从公司制度、组织结构、经营模式、员工队伍、IT技术等多个方面进行综合变革,增强核心竞争能力,便成为一种必然。因此,广州农信社对原有组织架构的调整便势在必行,也是转变业务模式、经营模式的前提,这个观点成为当时广州农信社管理层的共识。于是,组织架构的"魔方"开始转动,传统的直线形结构开始向扁平化的组织结构转变。

"最开始的动力是从业务扩展的角度出发的。原有的组织架构有太多的弊端,所以我们开始调整。"王继康回忆说。而在他看来，组织架构的调整，终极的诉求在于提高组织效率。只有改变传统的组织方式，效率才会应运而生，"岗位和部门的增减，实际上是人的岗位的调整、角色的转换，最终是利益关系的再调整。俗话说，有庙就有和尚，一个萝卜一个坑，只有把庙拆掉，和尚才能云游四方，填住了土坑，萝卜才能在他处绝地重生。组织清晰了，市场应变有人了，效率有了，业务才能快速扩展。"

正是基于现实的需求和发展的需要，为寻求一种更高效的管理体制和经营机制，广州农商人开始主动变革，王继康开始转动组织架构的"魔方"。正是在这个"魔方"的转动下，昔日臃肿的三级法人制逐渐被扁平化、集约化的法人治理结构所取代，广州农商银行开始焕发出新的活力。

第二节　在怀疑声中拉开帷幕

在怀疑中启动，在市场考验中成长，在不断完善中成熟……这几乎是广州农商银行所有改革的通行公式。组织架构的改革也同样遵循这样的轨迹，伴随着组织架构改革大幕的徐徐拉开，争议与质疑也随之而来。

2006年，原广州农信社统一法人改制工作完成。在明确"三会一层"的治理框架后，经营层开展了一系列内部改革，包括梳理管理流程、重构经营机制、推动业务转型等等。但是，王继康及其管理团队还是觉得广州农信社距离现代企业制度"隔着一层","形似而神不似"。虽然建立了现代企业制度的框架,但因为传统制度的巨大惯性,并没有能做到现代企业制度的"形神兼备"。为追寻现代金融企业之梦,完善自身的经营管理体制,王继康毅然决定向原有的组织管理开刀,开启组织架构改革之路。

复盘广州农商银行组织架构的调整,改革之路并不平坦。因为观念的束缚,在改革启动之时,来自企业内部和外部的质疑便不绝于耳,内部的反对之声和消极抵触也并不在少数。

据时任广州农信社联社党委书记黄子励回忆,对于组织架构的调整,当时外部的怀疑和担忧主要集中在几个方面:一是担心新的银行管理体制会水土不服。在2006年改革伊始,广州农信社所在的广大农村地区,农村金融的现实还比较落后,原有的直线形管理体制弊端并没有充分显现出来,"所以,当时有很多人并不认可我们的组织架构改革,认为这是瞎折腾。并且还断言,新的管理体制、经营体制在农村金融中会水土不服"。二是担心组织架构的调整将带来企业内部利益协调困难,最终导致改革无法推行下去。"因为组织结构的变形,带来的是利益的调整"。第三方面的担心则是认为,新的组织形式有可能影响农信社整体的经营状况,增加不良资产,"他们认为这种全新的组织架构,以及由此而来的经营理念的变化,跟当时农村地区的金融环境和现实不相符合"。

　　与外部的担忧相比，广州农信社内部对于组织架构调整的怀疑和阻力来得更加猛烈。"阻力很大，这种阻力一方面有对改革的不理解，认为这是在瞎折腾。更大的阻力是来自区县信用社，原来我是'山大王'，有充分的自主权，现在要被'收编'，孙悟空被戴上紧箍咒，肯定心不甘情不愿。各种搪塞、各种扯皮、各种讨价还价。"易雪飞回忆。

　　分析原因，其实也好理解。因为组织架构的调整，必然要重新划分总行和分支机构的责权利范围。这种责权利范围的调整，必然会涉及利益的调整。并且，从短期来看，在扁平化的改革思路下，分支机构的利益是受损的。以贷款权为例，改制之前的广州农信社，区县一级信用社是拥有贷款权的，区县信用社俨然一方诸侯，自由裁量权很大。在组织架构调整后，授信审批和风险控制等管理权逐步上收到总行，结束了区县信用社诸侯分立的状态。实质上，组织架构的调整涉及的是总行和分支机构利益关系的调整，因此，企业内部强烈的反对之声或者消极抵制也就不难理解了。

　　然而，与怀疑和担忧并行存在的，也有业界对改革寄予的关注和期望。在很多人看来，广州农信社是农村金融领域改革的一个样本，她的改革之路具有典型意义。农村金融领域的改革前路漫漫，需要先行者勇敢地趟路。

　　在质疑和反对声中，是退缩不前还是勇敢前行？这道选择题考验着原广州农信社管理层的智慧和勇气。退缩不前，就意味着广州农信社将在传统组织形态的漩涡中打转，战略转型、业务创新都将是无源之水，无根之木；选择前行，则是打破既有的利益格局，"冒天下之大不韪"，需要有壮士断腕的勇气和决心。

正是在这种怀疑、观望、期待、希望所交织的复杂背景下，广州农信社组织架构的调整拉开了序幕。在王继康看来，改革势在必行，这是广州农信社真正走向市场的第一步。"现代商业银行的第一要义就是治理完善，因为只有治理完善了，这个银行才能够走出各种各样的利益和体制纠结，才能够真正独立于这个市场，才有可能成为一个百年老店。否则总是在体制的漩涡中，必然会被市场自然淘汰。"

2006 年，广州农信社掀开了组织架构扁平化改革的帷幕。

这一年 3 月，经过 6 个月的筹建，广州农信社统一法人改制正式完成。"统一法人改制的完成，意味着我们突破了原有的平行机构的管理模式，开始实行统一法人、授权经营、分级管理、单独考核的管理体制。这就为我进行公司治理改革提供了一个先决条件。"王继康回忆说。

统一法人改制之前，广州市信用联社有 10 家区县信用社，都是独立法人。"统一法人后，区县信用社就是我授权经营的单位了，这种状况肯定要变。"于是，组织架构内大刀阔斧的改革开始进行。

按照一级法人的纵向改革思路，王继康改革的第一步就瞄准了原来组织架构中的机构重叠和层级过多。

"一方面，对原有部门进行裁撤、合并，沿市联社—信用社（中间管理层级）—经营部（网点）的层次进行机构重设，同时根据业务发展需要，科学合理地增设部门。另一方面，压缩管理层次，将管理的链条缩短。通过改革，整个组织架构的面貌为之一新，机构臃肿、人浮于事的现象为之一变，管理效率大大提高。更重要的是，通过压缩层级，信息传递过程中信息失真和减损大为改善，总部和基层网点的沟通更为畅通，这也为经营效益的增强提供了一个先决条件。"王继康回忆。

破局之后，广州农信社很快启动了第二次组织架构的调整。2008 年初，广州农信社开始施行"扁平化、条线化"管理模式，改革全面推向深化。

根据市场需要，广州农信社在城区重点区域成立了若干新的经营机构，一开始叫营业管理部，例如珠江新城、会展新城、白云新城，还有华南新城等；后来随着这些机构规模的扩大，升格为与番禺、天河等联社具有同样经营管理权限和待遇的联社，从而拓展新的市场渠道。与营销架构和渠道重建同时进行的，是经营管理权限和职能的梳理和重新划分。按照规模适度的原则，广州农信社将旧的按行政区域划分的区级信用社进行"瘦身"减负，其管理权限上移，营销职能强化，消除区县信用社的"鼓肚子"

现象，进而"拉直"管理关系，充实总部的管理职能和管理幅度，由此向扁平化、集约化管理方式转变。

通过前两次组织架构的改革，广州农信社的潜力被激发，组织焕发出新的活力。2009 年，广州农信社实现了华丽转身，改制为广州农商银行，在通向现代金融企业之路上踏出了坚实的一步。但是，它并没有停下改革的脚步。

2010 年，广州农商银行又在前两次调整的基础上，进行了第三次组织架构的调整。这次调整，沿着"扁平化、条线化、大总行、小支行"的改革思路推进，并开始部分尝试事业部制。

顺应市场需求，广州农商银行根据业务重点，先后设置了金融市场事业部、微小金融事业部、信用卡事业部等，将这些银行业务进行垂直化的管理和营销。与此相应，在总行的职能部门实行"大部制"，并分层次设置了中心支行，多点型直属支行、单点型直属支行等市场经营机构。这次改革突出总行对公司、个人两条产品线纵向营销推动，指导管理的职能，将支行的职能单一化，使很多业务集中到总行完成，大总行汇聚主要的专业人才，细化分工，强化专业性。通过"扁平化"，一方面整合资源，优化配置，有效地加大了总行的管理幅度，以及支行贯彻总行指令的有效性；通过减少管理环节，提高管理效率，增强有条件支行的经营发展能力，激励了大批人才的涌现。另一方面，加强成本核算，开源节流。总行通过财务管理的集中以及科学考核，对财务从资源和业务费用与业务指标挂钩方式进行完善优化，从总体上实现了财务资源的有效配置。

经过三次组织架构的调整，广州农商银行完成了扁平化的组织变形，原有的组织弊病，包括效率低下、沟通阻滞、流程繁冗等得到极大改善。但是，随着金融业的发展，一场新的组织革命又在孕育之中。

在原有的组织架构中，广州农商银行业务按照行政区域进行划分，是一种横向的管理方式。部门之间、区域之间的沟通成本大，各自为政，难以形成合力；支行作为主要经营单元和利润中心，荷载过多的责任和压力，依托关系营销拓展市场，疲于奔命且难以兼顾专业化问题。然而，现代化的银行应该是按照产品的专业性来进行分工和管理，是一种以客户需求为中心的专业化服务模式。这就要求银行改变原有的横向管理方式，按照产品、客户和市场来重新划分与设立经营单位，并将其作为相对独立的利润中心进行管理。

2012年，广州农商银行启动条线化改革，一场从顶层到末端的组织再造工程徐徐展开。在王继康看来，条线改革是业务发展模式转换、银行渐进式发展的必由之路。在条线改革动员会议上，他说："要提升金融产品服务的技术含量和多样性，就必须强化条线和事业部运作，将支行转化为按照条线和事业部的要求格式化营销推广产品服务的平台和渠道。"

2011 年，广东省副省长陈云贤、广州市委常委欧阳卫民等到广州农商银行调研。

条线化改革是一场由顶层推动的组织变革，易雪飞牵头编制改革方案，经由几轮讨论后形成完备的改革方案后再推行到全行，改革的精髓就是顶层重新设计、中层架构重建、末端再度激活。在条线改革的设计方案中，突出了几个原则：一是条线一体。改变原来按行政区域划分业务领域的横向管理方式，将横向与纵向进行结合。在新的蓝图中，支行类似机场，主要业务条线类似航空公司，借助支行平台独立实现业务拓展。二是线珠贯穿。每个条线涵盖多个事业部，这些事业部便是线上的珍珠，条线内各事业部各自独立运作，但彼此间也协同配合。三是点面互动。每个事业部都是单独的点，把业务触角延伸到各支行。各事业部提供充足的激励，促使各支行积极营销拓展其业务并实时反馈市场信息，实质上就是构建内部资金转移定价机制，以实现内部市场化运作。四是驻嵌结合。风险管理等职能围绕各业务条线进行，根据业务条线的性质和授权情况，审慎选择风险管理等职能的嵌入式或派驻式管理方式。五是集散有别。全行范围内风险管理、人事管理、计划财务等职能的基本原则和政策统一，同时，赋予各条线根据目标市场、客户特征等自主选择和决定具体操作方式的权利。

2013 年，条线化改革在广州农商银行正式推行，通过改革，组织又一次变形。

因应以客户需求为中心的专业化服务模式，条线化改革重点在强条线，凸显条线的地位。清晰界定各个条线的边界，责任边界与财务边界，明确各条线的成本、收益、投入产出边界；同时确保条线内在流程顺畅、简洁、高效，不能有任何堵塞或凝滞现象。

强条线并不意味着任何事情都可以在条线内部解决，条线的业务拓展需要运营管理、信息科技、行政后勤等平台的保障。因此，改革的另一个动作就是做"大"平台，形成支持力强、辐射面广、体系健全的综合化服务平台。如果说业务条线是各家航空公司的话，那么这些平台就像飞机场，飞机场按照航空公司需起降的飞机类型确定跑道的长度、宽度、道面强度及其他配套服务设施。

按照这样的思路，广州农商银行设立公司条线、零售条线、金融市场条线等，每个条线内又有若干相对独立的事业部，比如小微事业部、房地产事业部、农业事业部、投资银行事业部等等，总行赋予这些条线和事业部充分的经营自主权。在总行层面改革部门架构和部门职能，做大平台，财务会计部、风险管理部、信息技术部等中后台为条线提供各种支持和保障。

广州农商银行的条线改革还强调业务条线之间的联动机制，通过内部管理和机制，构建业务联动机制和综合营销体系，产生"1＋1＞2"的联动效应，避免重复营销和资源浪费。

随着客户金融服务需求个性化、差异化趋势的增强和广州农商银行经营规模的不断扩张、业务范围的持续拓展，细分市场并实现专业化经营成为必然之选。因此在条线化改革中，广州农商银行也突出"细分市场"，各个事业部的业务边界清晰，也强调内部运作的专业化和精细化水平，"不同业务条线之间甚至同一条线内部的客户需求千差万别，业务风险也不尽相同，试图培养精通所有银行业务的全才、研发能同时满足各类需求的产品、制定能全面防控各种风险的制度是不现实的。"王继康这样说。

广州农商银行管理层对于组织架构调整的决心和完善的制度设计，让这家银行的组织变形之路迅速推进。在组织结构这个"魔方"的不断变形中，组织效率不断提高，组织的潜力被激发，组织机体得以强健，组织不断焕发出新的活力。

第三节　在市场中凸显改革价值

从 2006 年开始组织架构的调整，到 2011 年，扁平化的改革初见成效，再到 2013 年全面推进条线化改革，随着改革进程的不断深入，各项业务高速增长，改革成果逐步显现。在激烈的市场竞争中，广州农商银行组织结构的变革凸显其价值。

易雪飞是组织架构改革最早的一批参与者，也是起草条线化总体改革方案的负责人。谈及组织架构改革，他感慨颇多。"传统的组织架构下，我们做市场营销，市场反应速度非常慢，因为网点根据市场信息作出的反应要逐级审批，过程很漫长，往往会有沟通不畅的现象。"通过扁平化的改革，广州农商银行重新梳理了业务流程，建构了以客户为中心的市场营销体系，"条线化改革之后，营销部门之间、营销部门和产品支持部门之间的协作和沟通更为畅通了；更重要的是，我们的市场反应速度大大提高，因为基层的营销部门不再需要像以前那样逐级上报审批。速度快了，客户的满意度也就提升了，这也有助于我们业务的开拓。"

在他看来，这一切都归功于改革之后的"瘦身"和条线化的分工。广州农商银行通过压缩管理层级和管理机构，缩短了信息传递链条，提高了组织反应速度。同时，管理层级的减少，也降低了经营决策的衰减度，决策措施可以直接落实到一线，上下沟通的速度明显提高，信息反馈更为灵敏。而且，改革后的广州农商银行，强化了支行的直接经营职能，实现了由管理型向经营管理型的转变。支行直接参与经营管理，能够及时了解和掌握各网点的业务经营状况，管理力度明显加强；网点则从繁杂的监督管理和后勤保障工作中解脱出来，集中精力搞好市场营销、客户维护和业务操作。此外，分支行多层次营销体系有效地解决了过去多头营销、重复公关、内耗不断等资源浪费的问题，经营资源得到了优化配置。

在传统组织架构中，一笔业务的完成需要网点、支行、总行三级链条的连接，并且在业务的运行中并没有一个全面负责的机构或个人，交易过程往往会有堵塞或不畅的现象。条线化改革则弥补了这一缺陷，相对独立的各个事业部负责全部交易过程的管理，从客户进入农商行开始直至交易结束客户离开农商行，事业部几乎享有全部授权，并承担最重要的责任。这种流水线型的授权方式涵盖了服务客户的各个环节，客户选择银行时最重要的效率因素成为一个真正可以控制的变量，避免了过去相互推诿而又责任不清的混乱局面。

更重要的是，通过扁平化和条线化的改革，广州农商银行原来的"鼓肚子"现象消除了，优化了网点人力资源配置。"改革之前，我们有大量人员在管理部门和产品支持部门，一线网点和营销人员则严重不足。"易雪飞回忆说，"改革之后，因为缩减管理层级，很多原来的管理部门的人员被下到一线，这在很大程度上缓解了原来管理队伍臃肿与网点一线员工紧张之间的矛盾。由于分配机制更加科学、灵活，工作效率和劳动生产率得到较大提高。"

随着扁平化、条线化改革效应的逐渐显现，改革开始之时环绕在农商银行内部和外部的怀疑声音逐渐消逝，取而代之的是对这种新的组织架构的认同。

白云支行的经理张兴锋，是广州农商银行的一员老将，从二十多岁开始便进入这家银行机构。经历过农信社传统体制的他，一开始对于组织架构的调整，其实是持怀疑态度的，"主要是担心这种新的制度会水土不服，最后改革不了了之。"但是，随着改革的推进，他成了改革坚定的支持派。谈及扁平化、条线化的组织架构优势，他说："组织架构调整后，效率明显提高了，以前层级太多，一个业务审批的程序繁琐，时间拉得很长。比如一笔贷款业务，以前从项目上报到审批通过，往往需要二三个月的时间。这对争取客户、抢占市场非常不利。但是通过组织架构的改革，贷款的审批效率大大提高。一笔贷款在客户经理通过后，直接上报总行审批，减少了审批环节，总行一般在十天左右就给出了评审结果。这种效率在以前是无法想象的。"

更重要的是，随着组织架构改革的推进，银行的客户也深切感受到改革带来的春风。

随着改革效果的逐渐显现，广州农商银行以客户为中心，致力于打造流程银行，为客户提供全方位的服务，客户也逐渐感觉到了这种变化。一是客户经理的业务素质得到了提高，服务比以前更专业。二是服务更加细致周到，客户经理对企业的研究更加透彻，服务方案更加有针对性。三是效率更高了。通过流程再造，广州农商银行积极推进部门银行向流程银行转变，改变了以往流程冗长的状态，客户体验大大提高。比如"微小贷"业务，设立了专门的审批通道，在事业部内全流程、封闭式处理所有业务流程。免抵押的"微贷"业务最快当天放款，有抵押的"小贷"业务三个工作日可以完成审批。

广州农商银行工作会议进行中。

组织架构改革后，在业务快速发展的同时，出色的风险管理更值得关注。"风险管理和市场营销历来存在矛盾，一收就死，一放就乱，基本是以前银行业面对的普遍问题。"改革之前，广州农商银行的贷款权基本分布在区县一级，管理不到位，分散粗放，风险隐患大。后来组织架构调整，授信审批和风险控制等管理权逐步向上收，以致延展到各种审批，包括研发、人事管理、财务管理、政策设计与制定、风险控制、运营管理等逐步集中并上收到总行。按照前中后台分离的原则，全面重建和理顺了总行和分支机构之间的经营管理职能关系。但是，兼顾市场敏感和效率，广州农商银行针对点多面广、机构分散、市场半径长、行业跨度大等特点，在上收管理权限和集中管理职能时不断做了一些柔性处理和弹性处理。用董事长王继康的话来说就是"管理体制变革的关键是要在市场效率和风险控制之间寻找一种平衡，然而，风险控制始终是第一位的"。

2013年的条线化改革，广州农商银行开始尝试嵌入式的风险管理模式。具体做法是，在各个事业部内设立风险官，通过风险管理中心，将风险控制移至最前端，制订客户准入标准和事业部业务特质的授信政策，从而在最前端形成有效的风险识别和过滤机制，有效控制授信风险。在授信审批过程中，由客户经理发起业务，经事业部负责人签批后上报派驻风险官，在权限范围内由风险官审批，超越权限范围的报总行授信审批。最后，事业部根据自身的客户类型、产品类型、风险敞口、担保方式等实施贷后监管。在实践中，风险派驻制度兼顾了效率和风险的平衡，克服了一放就乱、一抓就死的风险难题。

通过削减冗余的管理链条和中间环节，优化经营资源配置和调整经营重点，广州农商银行的扁平化和条线化改革在推动经营效益与提高经营效率方面初显成效。从 2006 年启动组织架构调整，银行的经营效益稳步增长。截止 2016 年末，集团总资产规模达到 6609.5 亿元，2016 年实现拨备前利润 97.8 亿元，中间业务收入 31.9 亿元。

在市场的风浪中，广州农商银行的组织变革凸显了自身的价值，完成了自我的证明。通过组织架构的改革，在规模、效益、质量、风险控制、市场份额和定价能力等方面都获得了较快发展。通过组织变形，这家银行改变了传统的经营管理方式，突破了以往的业务发展瓶颈，实现了跨越式发展。一组组靓丽的数据，一个个鲜活的事例，彻底打消了银行内部和外部对于改革的疑虑。如今，扁平化、条线化的改革方向植根于每个农商人的心中。以组织变革为起点，广州农商银行正在向现代金融企业的道路上一路前行。

第四章　走出去，更精彩

2010 年 6 月，河南淮滨已入初夏，人们褪去厚衣换上薄衫，初夏湿暖的气息扑面而来。一家新的金融机构——淮滨珠江村镇银行正在筹建，走进滨城商业中心，营业大厅正在装修，工人们紧张地忙碌着，门厅外的"村镇银行"几个字若隐若现。对于世代生活在淮河边上的当地人而言，"村镇银行"既新鲜又陌生，他们不知道这家银行会给他们的生活带来怎样的改变。而在千里之外珠江之畔的信合大厦广州农商银行总部，有一群人也正在密切关注着这家村镇银行的筹建速度。作为该行跨区域经营战略的"头啖汤"，淮滨珠江村镇银行的顺利开业有着特殊的意义。

此时，隔广州农商银行商业化改制刚刚过去半年，实现华丽转身的这家金融机构在商业银行舞台的第一个亮相就是加入村镇银行战团，实施跨区域经营战略。2010 年 6 月，淮滨珠江村镇银行正式取得营业执照；8 月，正式开门营业，这是广州农商银行

2010 年 8 月，首家珠江村镇银行"淮滨珠江村镇银行"开业。

在全国发起设立的首家村镇银行，标志着其跨区域经营战略迈出了实质性步伐。但这并不是其跨区经营的唯一舞台，在河南潢川、辉县，广东三水、中山等地，珠江村镇银行也在加紧布局，并在当年陆续开业。广州农商银行跨区域经营的大步快走，多少令同行们感到意外，也在行业内引起热议。

立足广州本地市场，其跨区经营版图迅速扩大。至 2015 年末，广州农商银行已在北京、广东、河南、四川、山东、江苏、湖南、辽宁、江西等九省市发起设立了 24 家珠江村镇银行，并在广东清远、佛山、河源、肇庆设立了异地分支机构。

第一节　光荣与梦想

"跨区域发展是中小商业银行的二次革命。"在一次银行业高端峰会中，一位商业银行行长曾这样说，他认为跨区域发展将给中小商业银行带来深刻的变革。银行业的现实似乎在印证着他的判断。

在过去的大部分时间，尽管很多中小商业银行都怀揣着跨区经营的"光荣与梦想"，但是由于政策方面的限制，一直鲜有突破，中小银行只能在本地开展银行业务。在他们跨区经营的梦想面前，横亘着一道似乎是不可逾越的壕沟。直到 2006 年，中小商业银行的跨区经营之梦才开始出现转机。随着国家相关政策调整，这道壕沟逐渐被填平，梦想开始照亮现实。

2006 年，银监会大幅放宽对中小商业银行跨区经营的限制，放宽农村地区银行金融机构准入政策。随后又出台政策，支持好的农村商业银行对其他农村合作金融机构进行收购、兼并和战略投资；支持好的农村商业银行先行试点跨区域发展。随着政策管制的放松，中小商业银行的跨区扩张浪潮风起云涌，越来越多的商业银行加入跨区经营的战团。

首先突破的是各地的城市商业银行。政策出台后的 2007 年，徽商银行、南京银行、温州银行、江苏银行、大连银行、宁波银行、杭州银行、天津银行等多家城商行都先后迈过了跨区经营的门槛。在示范效应作用下，越来越多资质较好的城商行开始加入到新一轮跨区经营"热潮"中来。

在广东，中小商业银行也加紧攻城略地，打入这一金融市场。2007 年 5 月底，广东湛江的南粤银行落子广州；6 月初，招商银行启动包括广东惠州、珠海、中山在内的共 20 家二级分行的筹建；江西银行、南京银行等也抓紧在广州市场布局。

相比其他中小商业银行，因为政策和监管的原因，农商银行跨区经营的步伐似乎慢了一拍。在城商行跑马圈地运动如火如荼之时，农商行的跨区经营才开始缓缓起步。

2007 年 7 月，常熟农商银行参股启东市农村信用社，并跨省设立湖北咸丰村镇银行，开启了农村商业银行跨区域经营的探索之路。2009 年 9 月，吴江农村商业银行赤壁支行开业，开全国县（市）级农村商业银行在省外设立异地支行的先河。但是，农商银行的扩张之路进行得异常缓慢。据统计，2007 年银监会派出机构批准设立的村镇银行机构只有 18 家，2008 年为 178 家，2009 年为 91 家。直到 2010 年，村镇银行才开始明显的扩张。2010 年为 277 家，2011 年为 455 家，2012 年为 514 家，到 2013 年全国共组建 1071 家村镇银行，实现了全国 31 个省份的全覆盖。

"中国银监会提出三年内大力发展村镇银行的规划，对我行是很重要的发展机遇。我们就是要抓住此次机遇，实现'走出去'的发展战略。改制后的广州农商银行如果不'走出去'，未来的发展将会受到很大的影响。"在 2010 年的一次内部会议上，时任董事长的黄子励这样说。

很长时间以来，广州农商银行都希望自己能做大做强，在全国的金融市场中跟同行们掰一掰手腕。对于这家银行来说，跨区经营政策的放宽为他们的快速成长提供了一次难得的机会。

2010 年，广州农商银行启动跨区域经营战略，率先在河南淮滨设立珠江村镇银行，注册资本为 6000 万元，持股比例为 50％；此后又发起成立潢川珠江村镇银行，三水、东凤和莱芜珠江村镇银行，注册资本分别为 8000 万元、2 亿元、2.5 亿元和 6000 万元，持股比例分别为 51％、33.4％、33.35％、51％。此后，各地的珠江村镇银行如雨后春笋般成立，截至 2015 年底，广州农商银行已控股村镇银行 24 家，分布在北京、河南、湖南等 9 个省和直辖市，其中信阳珠江村镇银行为总分行制村镇银行。

通过短短几年的迅速发展，广州农商银行在跨区域经营，组建村镇银行方面实现了"弯道超车"，走在全国前列。"我们的理想从来不是偏安一隅，如果未来用 3 到 5 年时间要达到几千亿或再造一个广州农商银行，就必须走出去开疆拓土，寻找新的成长空间。"在一次接受记者采访中，王继康这样表示，言语中透露出创业的豪情。

跨区域经营的政策利好让广州农商银行迅速启动，加快异地布局。而从深层次来看，跨区经营版图的迅速扩大则是管理层的未雨绸缪，谋定而后动。

对于广州农商银行而言，要实现跨区经营，除设立分支机构外，投资村镇银行或许是一个顺势而为的选择。所以，早在 2009 年度工作会议上，王继康即表示要实现业务发展的空间地域转型。而村镇银行的筹划时间更早。早在 2009 年 10 月底，广州农商银行挂牌前，广东银监局副局长刘为霖即与农信社负责人专程赴河南考察村镇银行事宜。该行通过开办村镇银行实现跨区域扩张的战略也得到股东大会的认同，在 2010 年初的股东大会上，高票通过了跨区域经营的战略。广州农商银行股东之一，海印集团董事长邵建明在接受记者采访时就表示，"广州农商银行在服务三农方面有多方面的积累，投资村镇银行对资本金的耗费也不会太大，同时可以实现跨区经营。预计村镇银行未来盈利空间较大。"珠江村镇银行的发展也验证了邵建明的信心。

第二节　走出"围城"

2006 年国家放宽中小商业银行跨区域经营的限制以后，一场金融领域的"跑马圈地"运动方兴未艾，包括广州农商银行在内的各中小商业银行纷纷加入这一战团。跨区域经营有怎样的魔力？对于中小商业银行来说，这是一剂"解药"还是一剂"毒药"？

在激烈的市场竞争中，对于包括农村商业银行在内的中小商业银行来说，它们的生存策略大体有两条：一是做一个社区银行、精品银行；二是做大做强，变成全国性的商业股份制银行。然而，在现实的发展策略上，"小而美"的精品银行在现阶段却几乎从来不是其中的一个选项。"理想很丰满，现实很骨感。在当下的市场环境中，如果没有特殊政策的照顾，要专心做一个精品银行，要想活得长、活得好，太困难。"一位商业银行的行长在一次研讨会上曾直白地说出这一路径的现实困难。

这一现实困难其实也是广州农商银行面临的境况。

广州经济繁荣，城市发达，作为一家以广州为依托的区域银行，广州农商银行在广州金融市场的地位也稳居前列。但是，这并不意味着它就可以高枕无忧地专心做一个局限于广州市场的精品银行。毫无疑问，随着中国金融业的发展，在未来肯定会出现大中小不同银行的格局，也肯定会存在一批"小而美"的精品银行和社区银行。但是，目前中国银行业正处于一个激烈的重组阶段，在激烈的市场竞争和优胜劣汰的格局中，只有先生存下来才能求得发展。即便在广州这样的银行业风水宝地，也要迅速地壮大自己，将自己养得"膘肥体壮"。因为只有成为市场上的"壮汉"，你才能在市场上活得久。

因此，广州农商银行的跨区经营，是实实在在的生存需要。广州虽然是发达城市，但是无论怎样发达，蛋糕总是有限的，同时还要面对越来越多的竞争者。若一直局限于广州这一座城市，广州农商银行就无法持续地生存和发展。"走出去一方面是自身发展需要使然，另一方面是被逼无奈，两种原因都有吧。因为别人来抢我的地盘，除了深耕广州本土，尽可能牢牢守住我的地盘之外，一定要向外拓宽市场，迈向全国，否则我们的市场会越来越萎缩，越来越边缘化。"王继康曾这样表述。

扩展经营区域、扩大经营网络是许多不同类型的企业在发展进入稳健阶段后的必然选择。具有广大农村市场发展空间的广州农商银行也不例外。"我们总结了全国一些小银行的发展路径，比如兴业银行，原来在福建也是一个小银行，在监管部门的许可下他们走出了福建，现在变成一家规模可观的全国性股份制商业银行。"一位广州农商银行的高管在谈及跨区域经营的前景时这样描述。

兴业银行是跨区域经营成功的一个标杆，也是商业银行走出"围城"的先行者。

兴业银行成立于 1988 年 8 月，是大陆首批股份制商业银行之一，总行设在福州市。从 1996 年设立上海分行开始，兴业银行就积极探索跨区域经营的模式。经过 1996 年到 2000 年的探索实践，基本形成一整套适应全国化发展的业务经营模式和管理模式。兴业银行先后通过市场化兼并收购方式设立了多家分支机构。2001年 4 月，收购义乌商城城市信用社，设立义乌支行，开创国内商业银行按市场化原则购并城市信用社的先例；2004 年，兴业银行以整体并购佛山市商业银行方式设立佛山分行，更是创下国内银行史上首例完全市场化的内资银行并购案，亦是首例股份制商业银行全面收购城市商业银行的经典案例。通过跨区域经营，兴业银行迅速发展，已成长为一家全国性的商业银行，经营规模和经营效益稳步增长，截至 2015 年 12 月 31 日，兴业银行资产总额达5.30 万亿元，实现营业收入 1544.99 亿元，全年实现归属于母公司股东的净利润 502.57 亿元。目前，兴业银行已形成以银行为主体，涵盖信托、租赁、基金、证券、消费金融、期货、资产管理等项目的现代金融服务集团。

无疑，兴业银行的成功具有强大的示范作用。通过异地经营，除了能实现快速发展，同时也是银行自身的内在需要。实施跨区域经营战略，有利于区域性银行克服在渠道、顾客、业务等方面的短板，进一步提升服务能力，能有效规避对单一地区、单一顾客群体以及行业地域性集中过度依赖的风险。同时，选择跨区域经营战略，既有利于吸收差异地区银行的管理经验，增强金融服务能力，也能够深入地为当地提供现代金融服务，有力支持民营经济的发展，拓展农村商业银行自身的品牌效应。

"银行业竞争日益激烈，广州当地市场的客户资源已经基本饱和，要想业务量不断增加，就必须走出去抢占异地客户资源。"广州农商银行的一位人士表示。广州本地市场的"围城"困境，是这家银行不得不面对的发展难题。从市场占有率看，该行大约是200—300亿的规模时，在广州市场占有率超过百分之十。但是当市场规模大幅增长到1900多亿，而市场占有率却在下降，只有百分之八左右。这从一个侧面说明，新的金融机构涌入广州市场来分一杯羹，同业竞争将会越来越激烈。"一个机构在市场上不可能永远靠简单一种方式在原有的轨迹上发展，否则很难再有跨越式的突破。"王继康这样表述广州农商银行走出广州的逻辑。

但是，走出"围城"也并不是一帆风顺。

"发展村镇银行同时也是一项挑战。实现跨区域经营，实际上是一条比较艰难的道路。广州农商银行从来没有如此远距离地经营，我们要适应这个挑战。"在筹备珠江村镇银行之时，王继康就给外派高管打了"预防针"。

珠江村镇银行首先面临的就是业务开展困难的问题。"对于村镇银行,当地老百姓有一个适应的过程。刚开始他们根本不知道这是一家什么机构,很多人甚至认为村镇银行并不是什么正规的银行,所以老百姓根本不愿意把钱存到我们这里,揽储非常困难。"一家村镇银行的行长这样回忆。这种初期的"水土不服"现象并不是孤例,而是一个普遍现象。

广州农商银行在广州市场上发展得较为成功,除了自身经营的努力之外,还有一个重要原因就是它与广州这片土地有着深厚的历史渊源,广州市民乐于接受并信赖这家银行。但是,这种人缘、地缘与信息缘的优势在广州之外的地域,尚未建构。村镇银行要被当地农民了解和认可,需要时间的积累,更需要服务水平的提升。异地开办村镇银行,初期的"水土不服"是广州农商银行不得不面对的现实困境。

"资本的压力和管理的压力也是我们不得不面对的问题。"王继康回忆。实施跨区经营战略,不仅对广州农村商业银行提出了较高的资本要求,也对其管理水平进行了严格的考验。"跨区域说起来简单,但是真正跨出去这一步,还是要克服很大的困难,监管政策上有难度。实际上走出去,首先要符合资本充足率的要求,因为不是说你想设就设,有一个资本充裕的问题。"

更重要的是,跨区域经营对广州农商银行的管理提出了更高的要求。跨区域经营的地域跨度大、管理半径长，协调和管理成本过高等问题考验着管理层的智慧。虽然广州农商银行跨区域经营走在全国农商银行前列，但是在开始，跨区域经营还是给他们的管理带来一些新的问题。"首先是管理半径增大了，异地开设村镇银行，对总行的管控能力也是一个挑战。"广州农商银行的一位高管这样说。一方面是初次进入一个新的市场，银政关系与银企关系大有不同，服务策略和销售策略自然也与总部所在的广州不同，这对服务和销售能力是一个巨大的考验；另一方面，由于总部和外地村镇银行存在一定距离，如何防范经营风险，如何对异地村镇银行进行有效监管，防止责任人缺位或履职不到位，也是一个全新的课题。因此，广州农商银行原有的管理模式对于跨区域经营有一个重新调整、逐渐适应和磨合的过程。"跨区域经营后的企业管理远远复杂于企业之前的内部管理，一旦管理不到位，很容易发生经营决策风险，带来不可避免的损失。如何实现既要走的出去，又要走得快、走得稳，对管理、风险控制都是不小的挑战和压力。"王继康说。

而从珠江村镇银行的发展情况来看，广州农商银行实现了既走得快，又走得稳的目标。从 2010 年发起珠江村镇银行，至 2015 年底，该行组建了 24 家村镇银行，发展速度惊人。更重要的是，这 24 家村镇银行，运营情况都非常乐观，财务状况健康。截至 2015 年末，该行旗下的珠江村镇银行经营利润突破亿元，存贷比

80.7%，不良率也控制得非常好。

　　对于跨区域经营，人才储备也是一个大问题。"我们一般采取员工本地化策略。"一位珠江村镇银行行长介绍说。所谓本地化策略，即村镇银行的员工来源于当地，或是同业招聘（采取公开招聘方式吸收员工，对符合条件且在当地金融机构有从业经历、有客户资源的银行员工优先录用），或是招聘应届毕业生。这种员工本地化的策略本身就凸显了广州农商银行异地扩张面临人才储备上的困窘。对此，王继康曾无奈地表示："人才的瓶颈是我们跨区域经营面临的很大困难。"他简单算过一笔账，20 多家异地村镇银行，每个机构派三个人都需要 60 多人，而且这些人都要能够面对全新的市场、全新的文化、全新的客户。"或许，我们的员工对广州的地域文化已经很熟悉了，对这个目标市场的客户、产品、服务可谓是成竹在胸，但是到了山东、四川，你服不服水土？所以，人才队伍的培养、锻炼和储备始终是未来竞争的制胜法宝。"

第三节　服务乡村的同行者

　　2006 年，当中国银监会鼓励农村商业银行试点异地经营的政策落地，中国银行业的一场深刻变革呼之欲出之时，当年的诺贝尔和平奖将被授予了在国际上享有"穷人银行家"美誉的穆罕默德·尤努斯教授和他创办的孟加拉乡村银行，"为表彰他们从社会底层推动经济和社会发展的努力"。

从 39 年前他把 27 美元借给 42 名赤贫的孟加拉农村妇女开始，尤努斯一手创办了格莱珉（意为"乡村"）银行，开始为贫困的孟加拉妇女提供小额贷款业务，到 2006 年，格莱珉银行在孟加拉全国有了 2000 多个分店，其向贫困人口发放贷款的方式自成一体，被称为"格莱珉模式"。尤努斯及其孟加拉乡村银行的漫长探索，对中国方兴未艾的村镇银行发展，或许会有某种程度的借鉴意义和启示。

"对于珠江村镇银行的定位，尤努斯的乡村银行值得我们借鉴，服务乡村，专心做小额信贷。"广州农商银行副行长陈武这样说。对于这家银行来说，走出广州，在异地开办珠江村镇银行，一方面是自身发展的需求，而另一方面则是矢志不移，服务三农的初心。"我行脱胎于广州农信社，服务三农、服务中小企业是我们的责任。当一家企业发展到一定规模后，除了企业责任外，还应当有更多的社会责任。"这是王继康经常挂在嘴边的一句话。

中国是农业大国，农村金融市场具有广阔的发展空间。经过多年的发展，虽然我国农村金融业发展取得了长足的进步，但是在某些地区，现有的农村金融服务体系仍不能满足广大农民的基本需求。伴随农村地区经济的发展，广大农民对于金融服务的需求也越来越强烈。但是，从 20 世纪 90 年代开始，一些传统金融机构为追求高额的利润，不断撤销在县级及县级以下地区的网点，使得农村地区金融服务出现严重短缺。现有的正规金融机构由于规模较小、资金实力较弱，只能为农村提供一些简单的金融服务，无法充分满足农村经济和农民的融资需求。而对于农村的非正规金融机构，由于其非法性和高成本，大大增加了农村金融服务的风险。

正是在这样的背景中，珠江村镇银行进入农村金融领域。

从 2010 年 8 月，淮滨珠江村镇银行正式开门营业，到 2015 年底，短短 5 年间，广州农商银行先后发起开设了 24 家珠江村镇银行。珠江村镇银行的设立对促进农村经济和社会的发展具有重要的现实意义，一定程度上填补了农村地区微小金融机构的空白；为更多的农户和中小企业提供贷款，引导各类资本到农村创业，弥补了农村地区金融服务短缺的问题，为农村地区经济的发展提供了新的动力。

"珠江村镇银行的开办有效解决了当地金融机构覆盖率低、金融供给不足、金融服务缺位等问题，能够有效打破'三农'资金瓶颈，有力支持农村经济发展。"广州农商银行行长易雪飞说，"当然，在服务三农、服务当地经济的同时，我们的资本收益也得到提高。在广州，因为资本密集，竞争激烈，资本收益率难以提高。但在农村地区，同样条件下，利润率是提高的。可以说，村镇银行的设立达到了一个双赢的局面。"

作为新成立的农村金融机构，广州农商银行旗下的珠江村镇银行一直秉承"立足三农，支持当地中小企业"的宗旨，坚持积极推进当地"三农"经济的发展和中小企业的融资。以 2011 年 3 月开业的辉县珠江村镇银行为例，截至 2013 年 8 月 31 日，该行各项贷款余额 39880 万元，其中涉农贷款 38286 万元，支持小微企业 89 多户，农户近 400 多家，累计投放贷款 9 亿元。到 2014 年 9 月，各项贷款余额 5.26 亿元，较当年初新增 2536 万元，增幅 5.07%，其中涉农贷款余额 52119 万元，占比 99%；非农贷款余额为 462 万元，占各项贷款余额 1%，支农效果显著。

"珠江村镇银行对我们种植户的帮助很大，如果没有这家银行提供贷款，我很难走出困境。"河南辉县的一位大棚种植户这样说。

农业生产面临的最主要风险是自然风险和市场风险，对于普通农户而言，靠天吃饭的因素始终会带来困扰，加之农业保险推广覆盖程度不够，农户一旦某个年份遭遇自然灾害，由农作物受灾造成的资金损失会进而影响到农业生产的良性发展。

2012 年，因遭受风灾，上述这位种植户的大棚损失惨重，资金遭遇很大困难。辉县珠江村镇银行得知这个情况后，通过信用评估的方式，对这个已经发放贷款的农户又发放了扶助贷款，帮助他摆脱了资金困境，走出灾害阴影。

除针对农业生产风险特征，制定小额信用贷款实施细则之外，珠江村镇银行还普遍设立了小微金融事业部，服务当地农户。小微金融主要是指专门向小型和微型企业及种地收入阶层提供小额度的可持续的金融产品和服务的活动。珠江村镇银行借助广州农村商业银行的先进信息科技平台，引进德国 IPC 技术，在全国村镇银行系统率先设立了小微金融事业部。小微金融事业部的设立既符合珠江村镇银行服务"三农"的定位，同时也加强了其金融服务和产品的创新能力。

为激励当地企业及农户发掘并发展自身特色产品和产业，促进当地经济的发展，珠江村镇银行还在当地大力扶持特色产业。辉县冀屯乡是全国最大的食用菌种植基地。由于其种植规模较大和种植品种多的原因，在食用菌筹备时期，种植户生产需要大量的生产资金。面对这种情况，辉县珠江村镇银行"早计划、早安排、早行动、早调查"，大大缩短了贷款调查时间，使得对种植户贷款的审批速度加快，做到及时为种植户提供有效的资金支持，极大地确保了大棚种植的顺利展开。通过扶持当地特色产业的发展，珠江村镇银行也赢得当地人们的信赖，提升了自身的品牌认知度。

"针对农村金融市场的现实，我们充分发挥珠江村镇银行小、快、灵的特点，在信贷产品、信贷模式、服务模式上都进行了很多创新，取得了不错的成绩，赢得了市场，同时也赢得了农户的信任。"广州农商银行村镇银行管理部总经理李泽华介绍说。与城市市场相比，农村金融市场有很大不同，一方面是小微贷款占主体，单个项目的成本高；另一方面是农户普遍没有抵押物，存在潜在的风险。针对这种现状，珠江村镇银行陆续推出联保、信用担保等贷款模式；在服务模式上也不断进行创新，相继推出了"加工企业＋供货商＋初级农牧产品供应者"的供应链金融服务模式、"观光园＋专业担保公司"的融资模式、"银行＋担保＋财政补贴"的融资模式、"合作社＋租金收益权"的融资模式以及"合作社＋农户""农户＋保险公司""农户＋保证人"的农户小额贷款金融服务模式。涉农信贷产品也不断创新，贷款领域不断扩展，贷款品种多样化。珠江村镇银行立足三农，贷款"支农、支小"作用逐步显现。

广州农商银行的抱负从来不满足于在本地市场求得生存，做大做强，做银行业的百年老店是它一直以来的梦想。走出"围城"，开始跨区域经营，对这家银行来说，是其发展壮大的关键一步。在这条跨区域经营之路上，虽然并不是一帆风顺，但每一步都走得坚实有力。走出"围城"的广州农商银行，就如同一个初生的婴儿，在市场中经历着风雨的考验，它在茁壮地生长。

第五章　市场逻辑之思

羊城广州，因水而闻名。珠江之水缓缓流淌，无声地滋养着这座城市，也默默见证着这座城市的历史与发展。珠江无声，故事有形。古老的珠江在潺潺的流水中讲述着一个关于金融改革的故事，而故事主角则是坐落在珠江之畔，在这方土地上默默耕耘了 60 多年的广州农商银行。

2009 年 12 月，广州农商银行改制成功，完成了一场华丽的蝶变，同时也迎来了一轮新的考验。经济发展新常态，利率市场化、存款保险制度、互联网金融……政策引领下的自身变革方兴未艾，市场力量推动的金融市场竞争已风起云涌。脱困的征程刚刚完成，一场新的挑战已经随之而来。在改革中经历马拉松长跑的这家银行，似乎没有更多修整时间，便要在新的起点上迎接一场事关生存与发展的市场之战。如何迎战？

无论是为适应宏观经济环境的巨变，还是为应对市场竞争的不断升级，转型与变革已经成为这家金融机构实现自身发展与空间拓展的必然选择。转型发展的新课题迎面而来，如何解题考验着管理层的智慧与胆略。在新的市场竞争面前，一场依据市场逻辑，主动谋求转型发展的战略在悄然酝酿、推进。

第一节　"谋生"之道

2010 年初，摆在刚刚完成商业银行蝶变的广州农商银行面前的，并不是一条康庄大道。

此时，因美国次贷危机引发的全球金融风暴还未完全平息，全球经济跌宕起伏；经历 30 多年高速增长的中国经济也未能独善其身，实体经济发展乏力。中国银行业以往搭乘中国经济高速增长的电梯，即便创新不足也依然能分享改革红利，但随着经济下行，中国银行业高速发展的"黄金快车道"悄然消逝。

银行业传统的经营模式也正在受到挤压。随着利率市场化的推进和金融脱媒、技术脱媒等走向深化，银行业传统的依靠息差收入为主的经营模式受到越来越多的挑战。银行业的市场化在加速优胜劣汰。互联网金融异军突起，对传统金融业也形成全方位的、颠覆性的冲击。

面对这种种挑战，广州农商银行如何应对？在广州这个金融竞争异常激烈的城市，如何找到自己的"谋生"之道？

"在激烈的市场竞争中，以市场的逻辑拥抱市场，是我们制胜的法宝。市场逻辑既是我们改革的指南，也是应对外部调整的制胜之道。"面对市场竞争，王继康这样解题。

正是以市场逻辑拥抱市场，广州农商银行进行了一场"隐形"的革命。

什么是市场的逻辑？从这一个最基本的问题开始，这家银行掀开了它破解诸多难题的第一步。

在王继康看来，市场逻辑的基础是自由和产权。清晰、独立的产权界定是市场交易的前提，利益边界必须清晰，否则就没有交易，没有市场。"一个企业要实现稳健、可持续发展，除了外部大环境的支持因素外，从内部讲，战略定位是方向，经营管理是关键，而产权制度则是实现上述两个因素正确定位与决策的核心。"在他看来，只有先解决产权制度的问题，其他问题才能迎刃而解，产权改革是激活现代金融之路的基因。

2006 年，广州市农信合作联社实施统一法人体制改革，从信用合作制转变为股份合作制，结束了维持半个多世纪的多级法人分散经营的状态。2009 年，又顺利实现股份合作制向股份商业银行的转变，成为广东省内首家改制开业的农商银行。"两次产权改革是我行发展历史上的重要里程碑。"谈及产权改革，王继康感慨颇多。在他看来，中小金融机构的很多问题都是由产权界定不清晰所造成的。

两次产权改革使广州农商银行真正确立了市场主体地位，塑造了市场人格，从不具备真正的独立经营、独立决策能力的多级法人主体，转变为完整意义上的自主经营、自担风险、自负盈亏、自我约束的现代市场主体。

从启动统一法人体制改革以来，广州农商银行的改革创新之路不断在延伸，而改革的过程实质就是这家银行不断践行市场逻辑，用市场逻辑拥抱市场的过程。

在推进产权改革的同时，面对经济金融形势、市场竞争环境变化带来的新挑战和新机遇，广州农商银行以市场逻辑重构发展战略和业务结构，重塑市场竞争优势。2010 年启动"双轮驱动"战略，推动业务结构的均衡发展；2011 年，按照"转型、创新、再造"思路实施以"内涵集约"为主题的转型；2012 年，提出"五子登科"的战略重点：下村子、入圈子、上链子、串门子和攻电子；2013 年，确立"土洋并重、两小驱动、高低结合、上下互动、内外兼修、两跨经营"的发展战略，发展现代农业金融，做活小社区、做大小微业务，拓展高综合收益与高附加值业务，布局"永远在线"智慧银行建设，实施跨区域跨业经营战略。

以市场逻辑为基础的业务转型重构了广州农商银行的业务结构、发展模式和组织管理，也重新定位了竞争优势和市场地位。主动拥抱市场，市场也给予丰厚的回馈。截至 2015 年末，资产规模从 2005 年末的 841 亿元扩张到 5828.1 亿元，经营利润突破 100 亿元；广州农商银行也从被边缘化的农村合作金融机构跻身全球

1000 家大银行之列。

对于这一切，王继康都视之为拥抱市场的结果。在一次员工大会中，他深情地说："践行市场逻辑的风雨十年给我行带来了巨大的收益。所以，我们应该感谢并拥抱市场，没有理由拒绝市场，更没有理由背反市场。"

面对危机四伏、复杂多变的外部环境，广州农商银行以市场逻辑拥抱市场，重塑市场基因、健全市场人格、优化市场机制，迎来了一轮高速发展的时期。但是，"生于忧患而死于安乐"，当企业生存的危机感消退，企业内部一些背离市场逻辑的现象和行为也开始出现。

背离市场逻辑首先的表现就是市场人格异化。最突出的表现就是总行部门角色错位，很多企业内的经营管理问题无不与这种错位相关。条线化改革之后，广州农商银行成立了很多事业部，定位为既对成本负责又对收入利润负责的责任中心，拥有相对独立的经营决策权和交易选择权，独立核算，组织边界、成本边界和收益边界清晰。作为独立的经营个体，事业部只有具备市场人格，才能激发经营活力，提升经营效率。但是，在实际运行中，有些事业部却是人格异化，又是经营者，又是管理者，角色错位。比如，事业部与支行本应是平等的交易关系，但是事业部却往往把自身的经营任务用行政指令的方式转嫁给支行，违背交易自由、机会均等的市场逻辑。下达指标、坐享利益的行政方式对事业部来说当然简单、舒适、实用，支行苦不堪言，机械地按行政计划行事，由此造成的局面就是事业部人浮于事、不计成本、不讲效率等弊端。

背离市场逻辑的另一个表现是市场机制缺失，典型现象就是业务流程冗长、环节众多、效率低下。以风险管理为例，在条线化改革之后，广州农商银行投入 140 多名风险管理人员、花费大量时间和精力组建了授信业务作业分中心，设置平行作业人员和客户经理同步平行开展贷前调查，意在解决支行客户经理贷前调查质量不达标、可能出现道德风险或支行管理人员能力不足等问题。但是，在实际运行过程中，平行作业中心却打乱运行机制，审批方式低效，流程冗长，没有形成标准化的审核环节，放款审核标准和授信资料要求也没有统一规范。

再有的表现就是市场边界模糊和市场规制受损。银行内部不同市场主体、利润中心的组织边界、成本边界、收益边界不够清晰，投入产出计量不够精确全面。在广州农商银行内部，曾经出现过一个极端的例子：一个中心支行的行长，经营业绩在全行排名很靠前，但是其绩效考核排名却非常靠后。这一极端例子折射的是投入产出计量不到位，资源配置缺乏合理性。想冲锋陷阵的单位和人员弹药不足，坐享存量利益的单位和人员却资源过剩。这些情况导致的直接后果就是员工激励不到位，士气低落。

市场规制是规范、约束管理部门的市场管控行为，从而保障市场秩序。但是，因为规制受损，广州农商银行内部开始出现执行力差、运转不畅的现象。比如一些部门不断要求增加人员，却没有清晰的岗位职责，员工不知道要干什么。因为缺乏相应的工作指引和行为规范，日常工作以临时性安排为主，工作职责不固定，员工也不知道怎么干。同时，内部考核分配指标复杂，晋升机制不够明晰，处罚问责机制不到位，导致了员工的懈怠情绪。

银行内部出现的种种背反市场逻辑的行为和现象引起管理层的深思，经过改革创新和几轮业务转型，广州农商银行走出了困境，在广州市场上站稳了脚跟。但是，"如何保证今后的发展速度不掉队"，成为一个回避不了的问题。正是在这种思考中，一场市场逻辑之思和精细化管理革命在兴起。

"我们要从服务草根中寻求发展空间，但是这并不意味着我们银行的经营管理要像草根一样的野蛮生长。"王继康曾这样表示。在他看来，随着市场竞争的日趋激烈，通过精细化管理实现经营模式升级，"以市场逻辑重构战略，以市场逻辑再造管理"，成为广州农商银行转型发展的核心要义。

正是在这样的背景中，一场拥抱市场的升级之战在广州农商银行整装待发。"我们既要敬畏也要坚定不移地捍卫市场逻辑，重构市场机制、健全市场人格、再造市场自信，用市场逻辑强化战略管理、推动管理创新，使之渗透到我们工作的方方面面。"在2014年度工作会议上，王继康这样说。

战略定胜负，所有企业的兴衰成败无非都是由战略决定。因此，广州农商银行首先是以市场逻辑为基础重新定义战略。一是确定战略目标。随着金融脱媒、技术脱媒不断加快，客户群体向零售客户迁移，以及金融消费需求升级、多元化市场经营结构成为必然，广州农商银行"土洋并重、两小驱动、高低结合、两跨运营"的战略定位清晰可见。二是确定路线图。明确战略定位实现的路径，分解确定各级单位、各类岗位的目标，将战略目标落实到绩效考核中。三是确定时间表，明确关键节点的完成时间。四是进行顶层设计，从系统性、全局性的角度规划统筹战略实施。

战略的落地需要配套保障，广州农商银行拥抱市场逻辑的另一个动作就是再造管理，以市场思维重新定义管理模式和内部流程。通过组织架构设置培育市场主体，健全市场人格，主要是推广事业部制，逐步增加利润中心，减少成本中心，促使边界清晰、独立核算、自主经营的利润中心通过内部市场交易、转移价格引导战略转型业务发展。通过管理再造和流程优化提升执行力，以市场逻辑为基础，构建覆盖全条线、全单位、全岗位的激励考核机制，采用先进的市场理念和方法工具，精准计量各主体和各员工的成本投入和产出贡献，并以此为基础精确配置资本、费用、人力等各类资源，提高干部晋升、调配等决策的科学合理性，实现激励到位、考核有效。

从市场逻辑出发，广州农商银行在产品、服务、渠道等方面都呈现出不少亮点。以市场为导向，该行实现了业务模式的转型。明确了公司金融、零售金融、金融市场三大业务板块的主体地位，在此基础上提出"打造本土支农金融特色品牌、小微金融首选银行和社区金融智能平台"的发展愿景。

之所以制订这样的发展愿景，是广州农商银行经营团队对未来金融市场的判断。在他们看来，未来金融脱媒、技术脱媒不断加快，"我行主要客户群体将不再是法人机构，而是零售客户"。随着金融改革纵深推进，金融消费需求升级，"一体化、综合化的金融服务解决方案成为主流"。

因应业务模式的转型，广州农商银行成立公司金融、零售金融、金融市场三大业务总部，实施大板块、准法人运作，搭建条线垂直管理与支行区域管理相结合的矩阵式组织架构。构建小微金融、信用卡、农业金融等事业部，充分授予资源配置与风险管理等权限，助力战略转型业务的发展。同时，构建全面预算管理与全面风险管理体系，以合时、合身、合用为原则推进电子化与数据化建设；依托流程银行系统搭建集中作业平台，实施标准处理流程和平行运营模式；在全国同业中一次性最快上线管理会计项目；研发系统评级、组合管理等风险量化工具，并前瞻性搭建数据仓库、智慧银行、资产负债管理、绩效管理、客户关系管理等系统平台。

与此同时，广州农商银行发力市场营销，真正把银行当做企业来办，牢固树立了"以客户为中心，以市场为导向"的商业化经营思路。王继康表示，银行要真正把自己视为服务业，真正重视市场经济、市场竞争、市场需求的变化，寻求内生式的发展，"只有按市场逻辑行事，才能在市场竞争中脱颖而出"。

中国经济一直处于"摸着石头过河、先试先行"的高速变化中，从这个层面而言，金融市场并无所谓的"常态"。面对市场的不断变换，"只有具有市场基因、能够以变应变的银行才能成为市场赢家。"王继康曾这样表示。

依据市场逻辑不断变革，紧紧地拥抱市场，这也是广州农商银行在激烈的市场竞争中的"谋生"之道。对于这家银行来说，拥抱市场的脚步永远不会停息，一旦给这家金融机构注入了市场的基因，它便沿着市场的逻辑一路奔跑。

第二节　流程"革命"

一面是海水，一面是火焰。在市场竞争加剧、面临经营模式转换的挑战同时，广州农商银行也迎接着城市化的市场机遇。二十年间广州这座城市飞速发展，村庄成为城市，鱼塘桑田变身高楼大厦，逐渐富裕的村庄和村民为广州农商银行提供了稳定的资金来源，城市化基础设施建设、农村产业结构调整也带来了庞大的资金需求，为信贷业务的发展带来了广阔的市场空间。

广州城市化的进程，决定广州农商银行必须走出传统"三农"领域，突破传统信贷业务的局限，实施业务战略转型，提供差异化的产品和服务与之相对应。面对市场机遇，如何抓住它？面对这一问题，在一次内部会议上，王继康做出了这样的回答："要抓住市场机遇，根本的致胜之道在于用市场逻辑优化机制，重塑基因。"

市场的基因并不会一蹴而就，需要经历烈火的淬炼。因为传统体制惯性，广州农商银行内部业务流程冗长，并没有建立起面对市场的专业化流程。"市场之殇"考验着管理层锐意改革的决心，以市场逻辑再造管理成为重塑市场基因的关键。

在这样的背景下，"流程银行"的思路开始浮出水面。传统的银行流程更多强调管理而不是服务，管理层级多，流程繁复。流程银行则是一种以市场为导向的流程模式，突出以客户为中心的经营理念，强调前台业务部门根据不同的客户群体设置，专业化、一体化地对外开展营销，针对不同类别的客户满足其全方位的金融需求。

"我们要以市场逻辑重新定义管理模式和内部流程，通过管理再造和流程优化提升执行力。"王继康这样说，广州农商银行流程再造也开始排入日程。

"流程再造"萌芽于2006年。当年10月，该行引入中山大学管理咨询团队，由外部专家帮助诊断流程效率，并专门成立流程优化创新项目组，开始流程再造工作。

2007 年 8 月，中山大学项目组提交正式的流程诊断分析报告。报告指出了企业内部存在的具有普遍意义的流程问题，包括流程范围不完整，流程层次不清晰，部门本位主义的流程，流程运行的多重转接阻碍沟通效率，流程运行信息不充分等等。

"业务流程的优化和再造很难追溯真正的起点，在中大项目组提交流程诊断之后，流程优化工作就一直在有序地推进。"易雪飞介绍说。从 2007 年开始，广州农商银行对近 300 条业务流程的环节进行了重新梳理，包括个人消费信贷、公司贷款、小额农户贷款、票据业务、资金业务、国际业务、存取转汇款业务、卡业务等等，涵盖了银行业务的各个方面。

在业务流程再造的具体过程中，广州农商银行以市场为导向，大胆革新，敢于突破。为贯彻流程银行理念，第一步是对各条线的业务骨干进行流程理论的专业化培训，为流程再造储备人才资源；在此基础之上，专门成立流程执行工作小组，对日常流程运转情况进行检查和督导，使流程银行的理念日渐深入根植到每一位员工的头脑中去。为避免流程优化可能存在的缺陷和不足，管理层和主要职能部门负责人，深入各分支机构，调研收集一手资料，积极听取基层意见，组织专责团队对关键流程进行分析整理，提出调整优化方案，推动流程再造工作走向深入。在后续流程运行中，建立了后续优化动态评估机制，持续不断地关注流程运作效率，从而提升整体服务水平与管理能力。

"流程优化按照标准化、简约化、精细化的理念进行，对很多原来冗长的业务流程进行了简化，提高了银行的竞争力，市场反应的速度也加快了。"易雪飞介绍说。谈话中，他提到个人楼宇按揭贷款作为典型例证。流程再造前，这一业务的流程冗长，内部职责不清晰，操作依据有较大的随意性；流程改造之后，业务流程缩减为八个环节，包括贷款需求—提供贷款材料—贷款调查—审查—审批—签署合同、办理放款手续—放款—档案管理。在这个授信流程中，从客户提出贷款需求到最后放款和信贷材料归档，整个流程是非常清晰的。以服务客户为中心，银行同客户接触的营销渠道是基层个人贷款中心的客户经理，实行单点接触而其他流程则完全实现了内部化，没有多余环节。流程中对包括客户和银行内部各职能岗位的职责有明确的划分，各司其职，每一个环节的操作也有相关的政策制度和操作依据，体现了流程的规范化和标准化原则。"审查和审批分离、审贷分离"的原则在流程中也得到很好的体现。

2010 年，广州农商银行流程再造开始升级，启动（柜面业务）流程银行项目建设。

随着金融业务的复杂化以及客户需求的多样化，虽然前期进行了流程优化，但是还是普遍存在网点运营效率不高、客户柜面业务排队等待时间较长、网点的营销服务效能较低等弊端。

　　为了彻底解决上述问题，广州农商银行正式提出（柜面业务）流程银行建设，希望通过重新构造银行的业务流程、工作模式以及组织管理架构，改造传统的以部门为核心的业务处理模式，形成以流程为核心的全新业务处理模式。

　　2010年3月，广州农商银行总投资近1亿元的新一代综合业务系统正式上线。之后，各类专业业务系统陆续开发并接入主系统。新信息技术系统投产，为流程银行建设提供了坚实的技术基础。"业务流程的优化建立在充分发挥信息技术潜能的基础上，没有信息技术的深入应用，单靠流程改善和组织变革，流程再造不可能实现效率和功能上的突破。能够快速响应市场，及时提供差异化的服务和个性化的产品是有效实现流程银行建设的关键，也是信息技术开发和建设的重点。"易雪飞这样解释。

　　在解决了技术支持问题之后，2011年5月，流程银行建设项目正式启动。经过需求分析、系统开发、测试验收、集中作业平台搭建及培训演练等阶段，历时一年半，2012年12月底在全行辖内620多个网点实现了整体投产运行。2014年1月所有异地机构全面接入流程银行系统。

　　流程银行模式，是引入流程化控制和作业管理的理念，建立以总行作业中心为主要层级的后台处理体系，运用流程控制、影像扫描、OCR（光学字符识别）、电子验印等技术手段，对业务流程进行拆分，将处理环节尽可能分离到后台，实现随机并行业务处理，剥离柜台操作性事务环节，从而实现简化柜台处理操作、控制操作风险、提高处理效率、改善服务质量、降低运营成本的目标。

流程银行主要工作流程是：柜台受理审核业务资料，通过扫描仪扫描形成影像，并将影像传输到后台作业中心，由后台作业中心完成录入、核对、验印、预警、审核、授权、记账等业务环节，然后向柜台反馈处理结果，柜台完成回单打印、现金收付、客户交互等环节。

流程银行系统上线之后，大幅降低了运营成本，提升了业务处理效能，广州农商银行的市场竞争力进一步增强。流程银行系统上线后，柜台办理业务的时间较上线前平均缩短30%以上，其中单位汇款、个人活期开户等常用典型流程在网点柜台处理时间的压减更超过50%。

根据机构上线期间的统计数据显示，每个网点每个营业日柜台业务操作总用时大约可减少127分钟，单位转账汇款处理效率有较大提升，由原13分钟/笔提升到7分钟/笔，缩减用时6分钟。通过简化手续、提升效率，有效缓解银行网点"排长队"的现象，提升了整体的服务水平。更重要的是，通过流程改造，简化前台业务，使柜员有更多时间与客户进行一对一的深度沟通及柜面营销，以推介广州农商银行的产品和服务，从而加快实现银行网点向营销服务型网点的转型。

要以市场逻辑重新定义管理和优化流程，另一个关键是人的改变。流程再造的一个核心原则是"以客户为中心"，实现客户与银行的单点接触，由过去纯粹的信贷员升华为客户经理尤为关键。随着客户关系的日益变化，以及流程再造后对市场营销要求的提升，客户经理制的实行迫在眉睫。

2010年下半年，广州农商银行开始推行客户经理制，以进一步推动各营销机构公司业务和零售业务向着专业化、集约化的方向发展，成长为按市场逻辑行事的市场主体。通过规范客户经理准入和任职条件，规范考核方法，优化人员结构等，客户经理制稳步推进，极大地促进了全行的业务发展。

在实施流程再造的过程中，广州农商银行充分意识到，流程的优化必须落实到为客户提供令其满意的产品和服务上，只有不断推出适应市场需求的产品创新和产品营销，才能在市场上获得竞争力，赢得客户的信任。因此，伴随流程再造的就是广州农商银行适应城市化进程的各类创新金融产品。

传统"三农"经济对金融服务的需求比较单一，加之过去农村金融市场的竞争较小，所以广州农商银行的业务品种一直偏少。以2005年为例，该行公司金融产品21个，零售金融产品34个，同业金融产品4个，国际业务产品5个，电子银行产品为零。随着流程优化的推进，为适应市场需求，该行推出了多种创新的金融产品，从产品数量上可以得到最直观的体现：到2011年，公司金融产品增加至 145 个，零售金融产品增至 137 个，同业金融 32个，国际业务 38 个，电子产品增至 11 个。

从产品条线来看，流程再造之后，也取得很多重要成果。2007 年广州农商银行开始推行贸易融资业务，这是一种基于供应链的新型银行授信业务。2010 年开始与德国国际项目公司开展合作，引进国际先进的小微企业贷款模式，提升微小贷业务服务水平，致力于缓解中小企业融资难题。2011 年，建立个人财富中心，积极推出各类公司和零售理财业务及代收代付业务，根据客户需求和业务需要滚动发行理财产品。2010 年，开始投资银行业务和信托业务，拓展了大量相关业务，满足了客户多样化的融资需求。同样在这一年，在储蓄业务通存通兑的基础上，实现了对公存款业务的通存通兑，极大地方便了客户办理业务。2011 年，太阳卡面世，开启了广州农商银行信用卡的历史。

托尔斯泰有句名言："幸福的家庭总是相似的，不幸的家庭各有各的不幸"，企业亦如此。以市场逻辑为起点，广州农商银行锐意改革，重构战略、再造管理，以拥抱市场的姿态迎接市场的挑战，成就了这家银行在广州市场上快速崛起的秘钥。

从这个起点出发，广州农商银行坚持以客户为中心，将真情、真心融入服务，以服务满足客户需求。通过创新金融产品、创新服务模式、创新商业模式等，在金融领域为客户提供舒适、便捷的金融服务，极大地增强了竞争力，也赢得了市场。

　　没有宏伟的战略蓝图，有的只是坚定的稳健前行；没有激动人心的营销口号，有的只是无微不至的用心服务。正是在这些有与无、舍与得之间，广州农商银行开辟了一片新蓝海。

　　在这个充满变化与竞争的商业时代，因时而变、应势而变是在竞争中赢得先机的唯一路径。面对金融市场的风云变幻，在激烈的市场竞争中，广州农商银行在未来的征程中会面临重重考验，但是，对于已经在改革中注入市场基因的这家银行来说，依据市场逻辑拥抱市场的发展之路在不断延伸。

第二篇　为与不为

——打造中小商业银行的管理标杆

君子有所为，有所不为。广州农商银行在产品、服务及内部管理上不断探索与创新。

第六章　以客户为中心的服务理念

搭乘改革的快车，广州农商银行这个曾经弱小的"草根"银行在快速地向现代商业银行转型的过程中，发生了脱胎换骨的变化，并逐渐成为广州金融市场的生力军。与此同时，随着我国银行业改革的不断推进，广州市场的金融竞争也日趋激烈，实现商业化变身的广州农商银行是否有能力留住客户，提高市场占有率？这一问题也开始被人频频提出。没有华丽的辞藻，也没有刻意的辩驳，广州农商银行用漂亮的成绩单和不断增长的资产规模让这种质疑慢慢烟消云散。漂亮的成绩背后，是它以前瞻的眼光和快速的市场反应践行着"以客户为中心"的承诺。

管理大师彼得·德鲁克有一句名言："对企业来说，创造客户比创造利润更重要。"这句话用在银行身上即意味着，得客户者得天下，拥有客户的信任才是银行强大的根基。因此，在激烈的市场竞争中，客户服务水平成为赢得竞争的胜负手，也是检验商业银行改革成效最硬的杠杆。秉承"客户至上"的原则，广州农商银行将服务客户不仅体现在态度上，还渗透在银行产品和银行管理中，努力为客户提供便捷周到、高效适用的金融服务，赢得客户的理解和信任。2013年，南方金融年度大奖（金榕奖）将"最佳中小企业金融服务商"的荣誉授予广州农商银行，以表彰其真诚服务的理念与行动。

"用心，伴您每一步"，这是广州农商银行的承诺，也是它渗透进血脉的气质。以用心服务赢得市场，这家银行用真诚、用心的金融服务，回报着广州这片滋养着她的大地。

第一节　从产品中心到客户中心

对于中国银行业来说，1999年是一个具有重要意义的年份，虽然，当时的人们可能并没有意识到这一点。

就在这一年，工商银行上海分行、建设银行北京分行、建设银行广州分行三大呼叫中心建成，中国银行业客户服务开始起步。此后，招商银行、光大银行等也先后建成客户服务中心，负责受理客户的服务需求，提升客户服务品质。时至今日，我们对95588等银行客服号码早已耳熟能详，但时针拨回1999年，银行客服中心对当时的人们来说，却是一个彻底的新生事物。银行客服中心的建成，不仅仅是银行业内部一个新的机构的诞生，而且标志着我国银行业看待客户一种崭新的眼光，一种新的服务思想体系已浮出水面。

也是在这一年，遥远的欧洲，英国最大的商业银行巴克莱银行开始了一项新举措，向自己的银行客户发布"季度新报"，内容包括客户已享有的银行服务，向客户做新产品推荐以及改善当前财务管理的建议。值得注意的是，巴克莱银行向客户提供的并非是千篇一律的信息，而是通过技术手段，区别分析不同客户的金融需求，提供给客户各不相同的个性化的推荐和理财方案。通过新的服务手段，巴克莱银行的业务量猛增，盈利水平迅速提高，巩固了自己的市场占有率。

无论是中国银行业客户服务中心的新建，还是巴克莱银行客户管理的新举措，都意味着一种新的理念——"以市场为导向，以客户为中心"，正在银行业内逐渐兴起，一场由此而推动的银行业内部变革也悄然发生。

由农信社变身而来的广州农商银行，因应市场环境的变化，也积极投身于这场因新的理念而推动的银行业变革。对于这家银行而言，这场变革并非一蹴而就，因为这场变革既是对原有观念的一次冲击，也是对传统的经营方式和银行管理的一种颠覆性力量。"是市场一步步推着我们向前走，并最终让我们认识到，业务与客户不是两张皮，而是肉与灵的关系，业务靠客户去发展，客户靠用心灵去沟通。"易雪飞如此感慨。

广州农商银行的成长史见证着一部客户交往史，记录着这家银行与每一位客户的关系。在时间的流逝中，随着这家金融机构的调整和兴衰，它与客户的关系也经历了不同的阶段。"大体来说，我们与客户的关系经历了三个阶段：从最开始的以银行为中心，到后来的以产品为中心，再到现在的以客户为中心。"广州农商银行副行长陈健明这样总结说。

广州农商银行与客户的关系变化，其实折射的是这家金融机构的不同定位。在金融改革启动之前，当时的广州农信社并不太重视自己的客户，一方面是由于当时的广州农信社是国有、国养，没有市场竞争，更没有生存危机。另一方面则是因为当时的广州农信社其实履行着一定的政府监管职能，有着"类政府"的色彩。因此，在很长时期内，广州农信社几乎没有客户一说，在与客户的关系中，以银行为中心，主要履行管理职能。这种关系从广州农信社当时对客户的称谓可见端倪。"记得20世纪90年代初我刚进广州农信社时，那时并无客户之称。银行的两大类业务：一类是储蓄，称呼居民存款人为储户；另一类是信贷、结算，称呼企业为贷款户、结算户，都是以账户来称谓的。"一位广州农商银行的老员工这样回忆说。

随着我国金融改革拉开大幕并推向深化，银行的角色开始发生转变，银行被逐步推向市场，成为自负盈亏、自主决策的市场主体。在这一过程中，广州农信社的市场意识也开始渐渐苏醒，并开始加速网点布局，抢占市场。在这一时期，广州农信社与客户的关系，核心理念是"产品中心主义"，即并不重视客户体验和客户感受，只是为客户提供标准化的金融产品，并通过机构和网点扩张，实现规模经济和批量生产。"在这个时期，我们服务客户的意识其实是欠缺的。"陈健明这样回忆，"当时我们的客户主要是村社集体组织村民和重大客户，服务方式较为简单，都是银行先设计出产品，再将这些产品向尽可能多的客户推销。为客户提供的是标准化而非个性化的金融产品。"

随着我国银行业的竞争越来越激烈，银行业产品的开发越来越趋于同质化。这时，"产品中心主义"便暴露出越来越多的弊端：一是标准化的金融产品和服务，不能满足不同客户的个性化和多元化需求，"以前经济不太发达，人们的金融需求相对简单，标准化的金融产品基本能满足人们需求。但是，随着经济的发展，人们便拥有了多样的金融需求，并且每个人的个体需求又各不相同。比如，你能说一个企业主和一个公司白领的金融需求一样？"广州农商银行的一个客户经理这样分析。二是产品中心主义陷入一个"客户关系管理魔咒"，在客户拓展上遇到瓶颈，因为它既无法准确预测客户需求，也没有办法为客户提供符合需求的产品。因此，要解开这个"魔咒"，就只有打破传统的批量化和标准化金融产品，从客户需求出发，以"客户中心主义"为理念为客户提供产品和服务。而网络技术和其他新技术的运用，使得银行与客户之间可以随时随地交换意见和信息，商业银行由"产品中心主义"向"客户中心主义"的转变，也就拥有了坚实的技术基础。

经过市场的洗礼，广州农商银行逐渐意识到，经营的产品是服务，产品的使用者即服务对象是广大客户，产品市场的规模即客户群的大小在一定程度上决定了银行服务产品的盈利能力。优质高效的客户服务是实现广州农商银行各项功能的基础和载体，也是树立银行品牌的关键着力点。只有真正建立"以客户为中心"的金融服务体系，才能在竞争中赢得主动，立于不败。"经营银行的基本要点是经营客户，没有客户，还有什么？如同无米之炊。没有客户关系，还靠什么？如同孤掌难鸣。"易雪飞在一次内部会议上这样说。因此，"以客户为中心"的观念逐渐成为广州农商银行从基层员工到高层管理的共识，在与客户的关系中，也逐渐由产品中心向客户中心转变。

"以客户为中心"为起点，广州农商银行拓宽服务渠道，创新服务内容，丰富金融产品，重构业务流程，把客户需求放在第一位，倾听客户之声，关注客户之行，不断适应和满足客户对金融服务的需求，努力为客户提供便捷周到、高效适用的金融服务，赢得客户的理解和信任，也赢得市场。在广州农商银行眼里，客户是经营之本，"以客户为中心"并不是一句空话，而是市场指南，市场的竞争其实就是竞争客户。"业务多了少了变化了，其实是客户关系远了近了变动了。"一位客户经理这样说。

广州农商银行业务技能竞赛。

第二节　"长隆现象"大讨论

2007年初，广州农信社在拜访本地企业长隆集团时发生的故事引发了管理层的深思。

长隆集团是广州知名的民营企业，是各家银行大力争夺的优质大客户。在创业初期，这家企业得到广州农信社下辖番禺信用社的资金扶持，企业也非常看重在其创业初期给予的资金扶持，因此一直将番禺信用社作为其银行业务的主办机构。但随着企业的发展壮大，广州农信社的金融服务水平与服务效率相形见绌，导致长隆集团的诸多不满。

2007年2月2日，时任广州市联社理事长的黄子励一行前往长隆集团做例行拜访，席间长隆集团董事长毫不客气地指出广州农信社金融服务方面的诸多问题。特别指出两点：第一，像长隆这样的集团客户已经不再满足于单一的信贷服务，而广州农信社缺乏综合金融服务管理的平台，往往是贷款由信贷员负责、存款由网点负责、中间业务归个人业务部负责，一个客户的多项业务需要与银行的很多不同部门打交道，使得企业无所适从，还特意提出，春节期间长隆的门票POS收款业务都拟交工行跟进。第二，2006年，长隆集团有一笔到期的4000万贷款需办理转贷，对于该笔业务的审批效率，长隆集团颇有微词。企业不仅需要先还旧，导致不必要的资金占用，还需要重新上报申请材料，自上报材料至办理抵押登记后审批完成，期间费时近 4 个月之久，不符合企业融资需求特点。最后，长隆集团还直率地说，因为服务的欠缺以及服务效率的低下，企业有意转移与广州农信社保持了长达十八年之久的银企合作关系。

2 月 5 日，随行的公司银行部将长隆集团所提出的问题书面向时任广州农信社主任的王继康汇报。"长隆事件"引起王继康的高度关注，随即将公司银行部的报告转发给市联社各部门，并批示如下：

"公司银行部的建议和思考很好：1. 我们的客户管理、营销策略、信贷文化及体制已经与市场有间隙、与同业有距离，如不改进，无疑于自缚手脚，甚至自缢其颈。2. 对此，我们不能总停留在感慨、思考的层面，而且还要敢想，更重要的是敢做，行胜于言，付诸行动才是关键。3. 现在所存在的问题是多方面的，有领导的观念问题，有体制问题，有市联社职能部门不作为、乱作为的问题，也有区县联社消极对待、管理落后、不思进取的问题。如在客户的差异化服务方面，区县联社为什么长期安于现状，未能有所作为，这个问题在其他银行已经不是问题；还比如我们的风管、审贷部门的风险理念以及对风险的识别标准、评价体系和评价能力也着实堪忧。4. 建议就如何在观念、体制、人员、政策等方面优化、改进、重建，真正实现与市场无缝对接、与同业零距离跟进在全辖开展大讨论。"

由此，"长隆现象"引起了全社上下的高度关注，并引发了一场全社范围内关于"长隆现象"的大讨论，服务理念的更新与升级也从这里开始延伸、生长。

在"长隆现象"大讨论中，王继康发人深省地问："在我们的工作中，为什么会发生'长隆现象'？'长隆现象'到底折射出我社经营管理中什么问题？是否存在其他'长隆现象'？如何才能避免'长隆现象'？"通过这些问题的回答，引发的是对广州农信社业务经营、产品创新、客户服务等诸多领域的深刻反思。

"长隆现象"并不是孤立的，它所折射的问题其实是金融服务问题，反映的是广州农信社的金融产品不能满足客户日益增长的金融需求。长隆集团是合作了18年之久的老客户，在创业初期得到了广州农信社的资金支持，应该说有很深的交情。长隆表达的不满以及有意转移银企合作关系，并不是这家企业不讲感情，而是反映出广州农信社与同业相比在服务水平上存在一定的差距，而这也涉及银行的经营理念问题。长期以来，广州农信社都是以交易为中心的，这意味着对客户的各笔业务是互相独立的，而相比之下，国外银行都秉持以服务为中心的理念，这就带来了对客户的综合服务以及整体营销等概念。随着金融业的全面对外开放，国内各金融机构也正在向以服务为中心的理念转换。广州农信社如何实现这一转变，提高自身的核心竞争力，是"长隆现象"大讨论带给这家金融机构的启示之一。

于是，"服务客户"的理念第一次由广州农信社管理层鲜明地提了出来，"现代金融服务应是一揽子服务，而不仅仅是提供单一的服务。以后银行业的竞争，在很大程度上就是客户的竞争、金融服务的竞争"。

细分市场、细分客户，为客户提供差别化服务是落实"服务客户"理念的关键。为此，原广州农信社对个人客户和公司客户进行了划分，并针对不同群体举办专项营销活动，实施个性化的金融服务。同时，加速推进流程优化与再造，简化工作环节，健全操作规程，形成"反应快，效率高"的流程机制。

从这里开始，"客户至上"的理念在这家金融机构内生根、发芽、成长，并最终长成了一棵参天大树。如今的广州农商银行，"客户需求""客户服务"几乎成为所有员工的口头禅，"以客户为中心"也已成为所有人的共识，并内化为行动指南。

2010年，刚刚完成蝶变的广州农商银行开始实施战略转型，并明确提出"以市场为导向，以客户为中心"的经营思路。以市场为逻辑，从客户需求出发，在产品、渠道、流程等方面进行了大刀阔斧的改革。

首先是丰富产品线，设计出符合客户需求的金融产品，满足客户多样化和个性化的金融需求。在广州农商银行看来，服务客户不仅仅体现为热情接待和更好的客户体验，更要研究客户的需求，开发出满足客户需求的金融产品。"服务不只是一种态度，还渗透在你的产品和行动中。""千万别埋头在业务里动脑筋，而要在客户上下功夫，让产品带上更浓厚的客户特色。"在一次经营会议上，易雪飞这样告诫说。

针对新的客户需求，广州农商银行做出战略调整，将发展零售业务提高到与公司业务并重的位置，致力于为个人客户提供更多的金融服务。在客户中心思想的主导下，该行推出国内首张家庭理财卡，围绕"一圈一链一市场"，研发小微系列批量服务模式、围绕村社首创定投型理财服务等等，满足了不同群体的差异化的金融需求。

在服务方式上，广州农商银行也推陈出新，不满足于待客上门，而是主动出击，全面介入客户的生态圈，在深入了解客户经营状况、财务状况、市场情况的基础上，通过各业务条线的联动服务，协同利用银行、租赁、保险等多种金融工具和产品，为客户提供一站式、综合化的金融服务。

"客户服务应在个性化服务上下足功夫，因为每个客户的具体金融需求都是不同的。"广州农商银行副行长陈健明这样说。为更好地为客户提供个性化的金融服务，广州农商银行一方面加强客户细分，根据小微企业个体差异大的特点，对不同行业、不同类型和不同规模的小微企业区别对待，分层分类支持，形成多层级的融资服务体系，满足客户的个性化金融需求。另一方面则是在多样性上做文章，发挥综合优势，提高小微企业的服务深度。在为小微企业提供贷款的基础上，全面提供包括账户管理、贸易融资、财务顾问、资金管理、保险在内的全面增值服务，拓宽服务领域，扩大服务深度，帮助小微企业提高自身管理水平和发展能力，增强小微企业持续发展的内生动力。

如今，在广州农商银行网点营业大厅，都有客户经理笑脸相迎，专门引导客户和为客户提供咨询。大厅里有专门的理财中心，理财经理会帮助客户决定投资方向，还为客户提供个性化理财建议和方案，推介理财产品组合，形成个性化的理财报告。在公司服务上，广州成立了专门的公司服务团队，服务上门，为公司提供定制化的金融产品和金融服务。

个性化与多样化的金融服务，赢得了客户的信赖。对于广州农商银行来说，"以客户为中心"不是一句空话，而是生存之本。如果说银行是农夫，业务是庄稼，那么客户就是土地。农夫都会羡慕别人的良田，但是，每块良田都是农夫精心耕作培育出来的。银行拥有优质的客户群，就如同拥有一片沃土。这片沃土的得来，靠的是真诚和用心的服务。

第三节　"零距离"的金融服务

几年前，当时还未实施商业银行改制的广州农商银行发生过一个"50万贷款申请一年"的故事。当时，有客户申请住房商业贷款，前前后后填了一大堆繁复的表格、凭证，眼看"程序"就要走完了，此时又恰逢国家住房贷款政策调整，贷款人又被要求按新的政策重新填表，然后又是漫长的等待……拿到这笔贷款，已经是接近一年以后了。

这个小故事，触发了管理层的思考。客户的体验和感受，逐渐成为服务质量考察的一个重要组成部分。设计每一个产品、推出每一项服务，广州农商银行都逐渐习惯于"换位思考"，用客户的心去细细品味。

"只有从客户的角度来设计产品，从客户的角度来考察服务，才能真正做到客户至上。提升服务质量不仅应关注服务形式方面的改良与提升，而且包括服务内容方面的提升。"广州农商银行业务总监陈林君这样介绍说。

以客户体验为出发点，广州农商银行推动了业务流程再造。以前，在设计业务流程时，常常过多地考虑风险因素，对客户的需求、客户的体验则考虑不足，由此带来的一个后果就是审批手续繁琐，业务处理效率较慢。从客户出发来重构流程，就要求广州农商银行克服传统的思维定式，敢于自我否定，从节约客户的时间和成本、增加客户利益和便利，有利于满足客户多样性需求和提高交易效率的角度来考虑。

借鉴国际先进标准，从客户角度出发，广州农商银行重构了业务流程。在信贷管理上，以"信贷工厂"模式进行运营管理，降低贷款门槛，简化贷款流程。同时，充分发挥内设事业部的独立信贷审批作用，改进对中小微企业的内部资信评估制度，实行前后台分离，授信无纸化，并建立服务时效制度。针对广州农商银行的服务主体——中小微企业，构建了独立的"微小贷"业务审批体系，设立了专门的审批通道，在事业部内全流程封闭式处理所有业务流程。目前，广州农商银行免抵押的微贷业务最快可以当天放款，有抵押的"小贷"业务在 3 个工作日内也可完成审批。

如今，"50 万贷款审批一年"的故事已经彻底成为历史。针对住房贷款，广州农商银行从客户需求出发，开发了公积金贷款、直客式一手楼宇按揭贷款、新家园住房贷款、二手楼宇按揭贷款等产品，并改进业务流程，大幅度提高了办理效率。在广州农商银行，如今办理住房贷款，客户不再需要往返奔波，在各个网点就可以享受"一站式"的快捷服务；合同不再"霸王式"，而是多了公平和"人情味"。更重要的是，放款速度也大为加快，比如直客式一手楼宇按揭贷款，客户可以直接申请办理按揭贷款，取得购房贷款后再向发展商一次性付款购房，然后再办理所购房产抵押权预告登记、房地产证及他项权证手续。在方便客户的同时，通过优化流程，放款也非常快捷。

2015 年的一天，在白云支行的一个营业网点，曾发生过这样一个故事。白云支行网点柜员董健羚像往常一样，正在柜台埋头办着一笔笔业务。这时候，一位头发花白的老爷爷步履匆匆地来到她的柜台前，擦了擦额头的汗，"小姑娘，我要存钱。""您好，请问您需要办理什么业务？""好的！马上为您办理。""请您在这里签字"，几分钟的功夫，一笔两万元的定期存款就办好了。这是一笔再普通不过的业务，是董健羚每天可能要重复上百次的标准动作。没想到的是，老爷爷在接过存折后，笑得合不拢嘴，他边慢慢扶着椅子站起身，边笑着对董姑娘说："你可千万别告诉我那老太婆，我想给她一个惊喜。"这件事发生在情人节当天，一个浪漫的爱情故事。

本来，故事到这里已经有了一个美满的结局。然而这时候，网点负责人英姐走了过来，只见她将自己情人节礼物上的红丝带解了下来，系在了老爷爷的存折上，说到：大爷，您看，这下礼物是不是更美了！老爷爷摸了摸头，"还是你们年轻人更懂浪漫啊！"从此，这位老爷爷就成了这家网点的常客。而且，每次都带着愉悦的心情而来，也带着十分的满意回家。

正是用这样"用心服务"的理念，广州农商银行 3000 多个柜台窗口、近 8000 名员工共同筑建出了"用心伴您每一步"的服务品牌，形成了质朴、踏实的客户口碑与独有的企业文化及品牌形象。

"重视客户感受，是我们提供产品和服务的起点。"广州农商银行内部的一位人士说。方便、快捷、贴身等，是该行努力想要给客户留下的感受和体验，为此，广州农商银行推出了多项创新服务。如今，客户可以足不出户就享受到该行的各项便民服务。

2013 年，广州农商银行提出以"创新做服务，金融进生活"为核心的工作方案，开创性推进社区金融服务工作，为广州城乡居民带来更多的金融消费便利，全面提升社区服务水平。

针对广州社区居民实际需求，广州农商银行在 2013 年着力打造了 5 家综合性社区金融服务站和 45 家网点型社区金融服务站，并在社区网点引进钱库、一指通、银联支付终端等先进的第三方设备，通过服务提升、错时营业、特色服务、社区沙龙等多种方式提升社区服务水平。同时，还大力推动移动服务进社区，推出"快易办"移动终端。100 台"快易办"走出网点，在户外或上门为社区客户办理开户、签约、综合理财等多功能金融服务。

在互联网金融风生水起之前，广州农商银行敏锐地捕捉到了气息，构建了微信银行、手机银行、短信银行、网上银行、电话银行等全渠道的电子服务网络，为客户提供方便快捷的服务。同时，立足于客户需求，加快互联网金融产品创新，在国内首推微信预约取款以及掌上车管家服务，打造特色电子商城与线上支付体系，为客户提供 24 小时零距离的金融服务。

作为一家立足广州、服务三农的区域性银行，如何在农村地区推动普惠金融，为农户提供方便快捷的金融服务，也一直是管

广州农商银行网点内部。

理层认真思索的问题。60 多年来，从农村合作银行到农村信用社，再到农村商业银行，虽然在产权体制上历经多次变革，但这家金融机构始终坚守"支持三农"的市场定位，不断围绕广州农村金融市场的特点和需求，有针对性地进行服务创新和市场开拓。目前，广州农商银行辖下网点共有村社网点近 300 个，占该行网点总数的近一半，覆盖村社数量 1284 个。

"广州是我们生于斯，长于斯的地方，我行与广州这片土地有着天然的情感。无论走到哪一步，我行服务本地、服务三农的底色永远不会变。"王继康这样说，"我们要在传统涉农领域做出特色，打出品牌。"

早在 2007 年，王继康就提出"三个市场"的概念，在他看来，农村金融就是广州农商银行的一片"新蓝海"。虽然，仅仅从商业利益的角度考虑，这片市场还是一片待开发的"处女地"，但是，通过创新和服务，积极引导和孵化这个市场的潜在需求和活力，"这里是有长尾效应的能量巨大的市场"。

寻找"新蓝海"的过程，也是广州农商银行创新服务"三农"的过程。随着城市金融领域同业竞争的日趋激烈，该行在广州农村金融市场维持多年的"相对垄断"的地位遭遇挑战，尤其是互联网金融力量的加速渗透，农村金融市场正在迎来一个全新的竞争时代。面对新的市场格局和同业竞争态势，农商银行唯有创新服务"三农"市场，才能抓住市场的"长尾"。

首先是商业模式的创新。随着城市化进程的快速推进，广州传统的三农经济已经发生了结构性的变化，传统农业产业在广州的GDP占比逐年下降，如何实现金融产品升级，满足广州新三农经济的金融需求是摆在广州农商面前的一个重大课题。对此，广州农商银行有高度的共识，主动适应发展变化了的三农经济新需求，金融服务向现代农业产业进行调整。

针对新的三农经济形态，广州农商银行也主动调整经营方向，大力扶持现代化农业产业，培育农业龙头企业，以综合金融产品组成的"商业模式"方案服务"三农"金融需求，先后成功实施了琶洲城中村改造期间融资、江南果蔬市场经销商循环授信、番禺区水产养殖行业融资解决方案等多个商业模式服务方案。同时，广州农商银行也加大对广州市资金互助组的支持力度，扶持符合条件的农业龙头企业设立资金互助组，支持其发展壮大。比如，作为广东省首家资金互助合作社广州市增城福享资金互助合作社唯一的合作银行，为其提供信贷发放、账户管理、资金结算等一系列相关金融服务；支持荔湾区葵蓬村跨区域对外投资，发展村社经济等。

随着城市化进程的展开，广州地区的农民不再局限于"日出而作，日落而息"的传统农业生产方式，现代农业产业蒸蒸日上，农村和农民也发生了天翻地覆的变化。适应农村、农业和农户的新变化，广州农商银行根据市场需求，设计适销对路的金融产品，打造出立体化的涉农产品体系。比如，在贷款产品上，针对农户的农业经营和收入特性，推出农户小额信用贷款、订单农业贷款、农户股金分红"质押"贷款；针对村民生意经营之需，推出村民经营贷、创业贷款；针对农户在住房、教育等方面的贷款需求，推出"新家园、新希望"个人贷款系列产品；针对村社集体组织的经济发展需求，推出物业升级改造贷款、村社组织贷款、村社高管贷款；针对现代农业企业，围绕产业链打造金融整体解决方案，目前已打造生猪、水产、菌菇、油茶等农产品种养、加工，以及冷链物流、农产品交易和综合农业产业等多个细分领域的产业链整体金融解决方案，形成了围绕"公司＋农户"及上下游客户群的链条服务模式。

存款产品的设计和服务同样体现"农"字特色。如因应利率市场化，推出"大额存单"和村民专享理财产品，在产品设计上注重满足村民对银行理财产品收益性和安全性的双重需求。再如为满足村社客户定期存款资金管理需求而设计的"智能存 E"产品，客户一次存入本金，按定期存款利率计算利息，客户可按年分次领取利息。

"特别的产品，特别的服务，是我们在农村金融中赢得市场的左右手。"易雪飞强调，"在农村城镇化、农民市民化、农业现代化的进程中，村社金融业务需求不断提高，相应地对我行业务能力、服务水平不断提出新的更高要求"。广州的农村地区村社差异大，城中村与远郊农村自然村在产业结构、金融需求上各不相同，即便是同处远郊的自然村，村与村之间也呈现出很大的差异。基于这样的局面，要做到"用心服务"，就必须在服务的个性化和精细化上下足功夫。

在金融服务上，广州农商银行注重因地制宜，根据每个村的不同情况，实施"一村社一对策，一村社一支行"的工作部署，广州市辖区内 1267 个自然村每个村都有相应的服务支行和服务方案，并有专门制定的村社经济组织授信政策。2015 年，广州农商银行还先后派高管层带队走访本地村社 200 个，收集和整理农村金融需求 100 余条，在此基础上结合支行层面的相关走访信息综合研判，然后对接总行相关部门逐条跟进。

同时，广州农商银行不断推进银行服务再造，推动普惠金融走进千村万户。2015 年，广州市政府协调指导各区推进农村金融示范镇村建设，鼓励金融机构在全市有条件的行政村设立农村金融服务站。广州农商银行积极响应，加快推动农村金融服务站建设，打通农村金融服务"最后一公里"。比如在增城区，先后完成增江街、中新镇、仙村镇、小楼镇、派潭镇、正果镇共计 6 个金融服务站、3 个互联网服务站点的建设，ATM 每月现金使用量达240 余万元，使更多农民足不出村就能享受优质金融服务。另外，广州农商银行还发掘授信主动性，加大主动营销力度，发掘村社主动授信，主动给予符合准入条件的村社经济组织客户一定授信额度，村社组织客户在补充基础授信资料并经审核通过后，根据其实际资金需求用款。

为夯实自己的发展阵地，近年来广州农商银行始终坚持以客户为中心，将真情、真心融入服务，以服务满足客户需求。通过创新金融产品、创新服务模式、创新商业模式等，在农村金融领域为客户提供舒适、便捷的金融服务，极大地增强了在农村金融领域的竞争力，也赢得了市场。

"您好，这里是广州农商银行，很高兴为您服务。"清晨，一句句清脆甜美的问候在耳边响起，这是广州农商银行的客服座席在与客户沟通。一声声问候，代表的是它倾听客户心声，用心服务的内涵。从客户需求出发，广州农商银行在为广大客户提供全方位立体化金融服务的道路上不断前行。

第七章　产品与服务创新

第一节　银行转型，加码小微

一、驶入小微金融蓝海

中国的金融市场正在悄然发生着一场改变。

长期以来，与中国高速增长的经济相呼应，包括广州农商银行在内的大多数商业银行将信贷投向了固定资产投入高、资金密集型的行业，从而带动了资产和信贷规模的迅猛增长。相关数据显示，2003—2013年，在中国经济发展的黄金十年中，我国银行业资产规模年均增速超过了19％；利润总额增加了近53倍。其中，资金主要投向诸如钢铁、房地产等重资产行业。

但是，随着我国宏观经济减速换挡，产业结构深度调整，原本大量配置在房地产、产能过剩行业、地方融资平台的信贷资金，开始选择逐步退出，并不得不重新选择出口。"现在情况不一样了，在经济下行期，尤其是随着我国产业结构的深度调整，包括制造业和房地产业在内的支柱产业陷入转型升级和产能过剩的困境，商业银行不良率也开始攀升。"一位业内人士坦言。

与此同时，资本监管政策的趋紧使得银行业在信贷资金配置时，更加关注资产对于资本的消耗。在此背景下，小微金融由于对资本低消耗的优势，逐步从被众多商业银行忽略的角落回归到信贷资金关注和市场竞争的中心。

"未来的小微金融领域将从市场竞争的蓝海逐步向红海转变。"一位长期关注农村金融的专家对小微金融市场态势如此判断。专家的判断与广州农商银行的战略研判不谋而合。

"由于资本市场的创新日新月异，随着竞争的加剧，大中型客户走向资本市场的动力很强，只有小微企业更多依托于传统银行，是我们的战略伙伴；从广州农商银行自身来说，由于出生之日就打上了以区域为特色的烙印，必须要立足于当地市场，精耕细作培养适合当地区域的业务特点，而小微业务就具有非常强的地域特色。"易雪飞这样说。

战略已经明确，而行动早已开始。布局小微金融，广州农商银行是行业的先行者。

对于广州农商银行来说，布局小微金融一方面是银行经营模式转型的现实需要；另一方面则是管理层未雨而绸缪的主动选择。通过发力小微金融，希望能打开一片业务拓展的"新蓝海"。

时间回到 2010 年。虽然增量优化改革让广州农商银行的各项业务稳步增长，但是管理层却清醒地意识到，单一重视公司业务，单一依靠息差收入，单一依靠本土市场的发展模式不是长久之计。尤其是原有经营模式所依赖的经济背景已经发生根本改变，商业银行简单依靠做大规模、获取利差的盈利方式已难以为继。

通过认真研判经营形势的变化，广州农商银行将目光瞄准了此时方兴未艾的小微金融领域，并从广州地区数量庞大的小微企业群体中看到了"长尾效应"，"中国的中小企业、微小企业融资难的问题长期得不到解决，大银行基本不愿意介入，因为风险高、成本大、收益低，但我们看到了这里是有长尾效应的能量巨大的大市场。我们未来业务增长的关键就是能够通过创新产品和服务不断寻找到市场的长尾，并能够紧紧抓住它。"王继康在回答为什么要进入小微金融领域的问题时这样回答。

由此，广州农商银行开始驶入小微金融这片拓展业务领域的新蓝海。

2010 年 6 月，当很多商业银行还在紧盯大企业，对小微业务不屑一顾时，广州农商银行便开始了小微金融领域的布局。在广州同业机构中率先引进国际先进小额信贷技术，与德国 IPC 公司合作，推出专门针对小微企业融资需求的"微小贷"业务，助力本地小微企业发展。

2011 年 2 月，广州农商银行设立小微金融事业部，以直营团队方式开展微小贷业务，开始在小微金融市场发力。

2015年2月，成立微小金融管理总部，统筹管理全行小微金融业务。

率先发力小微市场，让广州农商银行在小微金融领域取得领先优势。目前，该行从事小微业务人员近300人，专营机构微小贷中心已达50家，遍布广州市区及番禺、花都、增城、从化等郊区，小微业务服务领域投向十几个行业，业务延伸至中大布匹、增城牛仔、沙河服装、沙溪五金塑料等170多个专业市场，实现实体服务全覆盖。截至2015年底，小微企业贷款同比增速22.20％，高于各项贷款同比增速（12.28％）近一倍；小微企业申贷获得率91.50％，高于2014年同期87.49％。个人经营性贷款余额约280亿元，规模及占比均居广州地区金融同业首位。

二、破解"砖头文化"

小微金融服务，一直是我国金融领域的传统难题。小微企业承载着众多创业者的梦想，但长期以来，因为缺乏有效的抵押物及完善的财务报表，小微企业只能游离于金融支持的边缘地带，银行面对小微企业的金融需求只能"爱莫能助"。融资难、融资贵，成为小微企业成长历程中"不能承受之重"的隐形天花板。

毫无疑问，传统的银行金融服务模式已经无法适应小微企业的融资需求，要破解小微企业融资难的困局，就必须另辟蹊径，寻找出一条既能支持小微企业发展，又能确保银行信贷安全的新路径。广州农商银行在小微企业金融服务新路径的探索上，逐步找到了破解难题的新答案，小微企业融资难、融资贵的坚冰正在逐渐溶解，曾经深陷融资困境的小微企业正在迎来现代金融的曙光。

2011年的一天，广州某建材市场发生的一个故事让市场里的商户们异常兴奋。几天前，市场里的一名刘姓客户急需45万元购买原材料，但他缺乏抵押物，于是他找到了广州农商银行小微金融事业部。客户经理连夜加班调查、上会审贷，最终只用了一天半就完成审批放款。第二天一早客户签署合同，款项马上就到账，解决了客户的燃眉之急。刘先生未曾想过，多年来自己跟银行打的交道只限于存钱、取钱、转账，如今却在三天之内向银行借得了一笔为数不小的贷款。

这只是广州农商银行近两万户"微小贷"业务中最普通的一笔，但就是这几万个"普通"，见证着无数个小微企业的成长，也见证着一场小微金融的创新热潮在广州农商银行体内涌动。

在银行以前的业务模式中，崇尚以"固定资产"作为抵押物，也就是常说的"砖头文化"。但是，对于小微企业来说，可抵押资产是严重匮乏的，同时报表信息极不完善，所以尽管企业有资质、有潜力，但是在传统业务模式中，他们很难获得贷款。

为破解这一传统难题，广州农商银行引入德国"IPC公司"的微贷技术，颠覆性的不再将抵质押物作为评级授信的主要依据，而是将"重净现金流、轻资产抵押"的全新风险技术理念运用到具体的业务创新中去。

"经过实践的摸索和经验总结，我们不再单方面重视小微商户能提供的抵押物。相反，在风险可控的前提下，客户经理会着重通过交叉检验的方法来核定商户的现金流，更加关注借款人的第一还款来源。"广州农商银行业务总监陈林君回忆说。

"存货抵押贷款"，也是广州农商银行破解"砖头文化"的创新之一。2012年下半年，该行推出"小贷"业务系列的拳头产品——存货抵押贷款，其最大特色在于任一类型的存货（原材料、半成品、成品）均可作抵押。"存货抵押产品在布匹市场应用非常广泛，去年部分纺织企业主的生意并不好做，但即使存货出现滞销，企业主仍可以以其作抵押，随时调节企业现金流和经营策略。"一个客户经理如是称。此后，广州农商银行又连续推出"微小贷"系列的子产品——村民致富贷、房产超值抵押组合贷款等。

对于小微金融服务来说，方便、快捷是赢得客户信任的关键砝码之一。小微客户的融资需求往往数额小、周期短、需求急，谁效率高，谁就最能契合其融资需求。为更好地满足小微企业的金融需求，广州农商银行在体制、机制上也进行了创新。

为提高效率，在专门成立小微事业部，为小微客户提供一站式服务的基础上，广州农商银行开创性地对小微贷实行"信贷工厂"的运营模式。"信贷工厂"，意指银行像工厂标准化制造产品一样对信贷进行批量处理，对小微贷款的授信方案设计、申报、审批、发放、风控等各环节按照"流水线"作业方式进行批量操作，体现标准化、集约化、专业化。

在审批流程和权限上，广州农商银行对小微贷款设立专门审批通道。通过全流程无纸化系统、视频审贷技术，提高审贷效率；"一般而言，200万元以内的微贷，可在3天内完成放款，最快可以在当天放款。而1000万元以内的小贷，能在5天内完成所有审批流程。"小微事业部的一名业务经理介绍说。高效的审批体系背后，并不意味着对风险控制的放松，而是独特的风控模式匹配着管控力度，才实现了广州农商银行规模与质量的齐头并进。

三、小微金融遇上互联网

近年来，互联网金融的异军突起，为破解小微金融的传统难题找到新的答案。云计算、大数据等互联网技术，让高效率、低成本的小微金融服务成为现实。

2014年12月，深圳前海微众银行挂牌开业，成为国内首家民营银行和互联网银行，它的开门营业被称作中国互联网金融发展的标志性事件。2015年初，国务院总理李克强视察微众银行，勉励微众银行"在互联网金融方面杀出一条路"。同年 6 月，中国首家"云"上银行浙江网商银行也在杭州宣布正式开业。微众银行和网商银行的开业标志着互联网金融模式全面进军小微金融服务领域迎来新一轮高潮。

在互联网金融浪潮的冲击下，新型小微融资模式以低门槛、低成本优势迅速抢占市场，"如果还躺在银行业不可能受到威胁的陈旧思想上睡大觉，那就真的会被后浪拍死在沙滩上了。"一位业内人士如是说。

这种忧患意识，在广州农商银行小微事业部已是一种普遍的观念。尽管，经过几年的发展，在小微金融领域、在广州市场上已成功跻身前四，与工农建三大国有银行并驾齐驱，但危机感始终笼罩在所有小微人的头上。也因为这种危机感，这家银行机构一直没有停下在小微金融上创新的脚步。

在互联网银行不断凭借技术优势进军小微金融领域的同时，广州农商银行也开始了运用互联网金融技术创新小微金融服务模式的步伐。在保留原有线下小微金融服务的基础上，广州农商银行开始运用互联网工具，对原有业务模式进行再造，并通过大数据、在线供应链金融等方式为小微企业提供更具特色的线上金融服务。

紧扣互联网金融发展趋势，广州农商银行先后推出"线上自助循环贷""悦享融""线上定期存单质押贷"等金融产品，为小微客户提供更高效便捷的小微金融服务。同时，通过与其他互联网平台合作，建立了线上融资平台，为小微企业开辟了新的融资渠道。广州农商银行还计划在线上融资平台、移动（手机）银行、微信银行、VTM等渠道增加客户视频语音互动功能，实现对客户贷前面谈、贷后回访等服务的线上化，打造更加开放、高效的互联网金融平台，为小微客户提供更多的线上金融服务。

2010年，广州农商银行引入微小贷技术"火种"，短短几年的时间，用贴心的服务、创新的模式满足广州小微企业的金融需求，也赢得了市场，该行的小微金融业务已从"星星之火"渐成"燎原之势"。截至2015年9月末，该行小微贷款余额727.3亿元，占全行各项贷款余额36％；小微贷款增速、贷款客户数、审贷获得率均达到银监会"三个不低于"的监管要求。其中，全行个人经营性贷款余额285.8亿元，同业占比17.2％，规模及占比均位居广州地区金融同业首位。2015年11月，在中国银监会召开的全国银行业小微企业金融服务评优表彰工作推动会议中，广州农商银行获得"全国银行业金融机构小微企业金融服务先进单位"称号，是广州地区唯一一家荣获该称号的银行。

第二节　信用卡未来

在广州农商银行的产品名单上，有一个闪亮的名字：太阳卡。

如同卡面行徽图案所标识的那样，它有着耀眼的光泽，"用心，伴您每一步"是它的成长法则。在信用卡市场，太阳卡是一个"迟到者"，但踏着坚实的脚步，它在寸土必争的广州信用卡市场开拓出了属于自己的一片天空。经过 5 年的发展，如今的太阳卡家族已涵盖全飞卡、全行卡、全利卡、全乐卡等特色产品，满足日益多元化的市场需求，并赢得市场。截至 2016 年，广州农商银行太阳信用卡累计发卡量突破 100 万张，在区域银行中居于领先地位，预计在 2017 年信用卡将继续保持高速增长。漂亮的业绩背后，是信用卡事业部充满艰辛的创业之路。

一、太阳卡诞生

2011 年 5 月 25 日，广州香格里拉大酒店到处洋溢着欢庆的气氛，广州金融界人士及媒体记者聚集在这里，在闪光灯的闪耀中，广州农商银行"太阳信用卡"在这里举行隆重的首发仪式。时任广州市市委常委、常务副市长邬毅敏，市长助理张慧光，市政府副秘书长郭志勇，中国人民银行广州分行副行长李升高，广东银监局副局长刘为霖，中国银联广东分公司总经理胡莹，银联数据总裁助理洪宇高等出席了首发仪式，见证了太阳信用卡的诞生。

这是广州农商银行发行的第一张信用卡，金色的烫金太阳坐落在卡的右边，象征着光明与温暖。太阳信用卡的首发，标志着广州农商银行彻底告别没有信用卡业务的历史，以崭新的姿态杀入广州信用卡市场。在太阳卡首发仪式上，王继康动情地说："太阳信用卡的推出填补了我行银行卡业务产品的空白，太阳信用卡满载着家庭成员间的千般关爱，寄托着客户对我们的信任与期待。我行将不断完善卡产品功能，提升卡产品内涵，把太阳信用卡打造成为我行最具竞争力的增值服务品牌。"

毋需讳言，在信用卡领域，广州农商银行是一个"迟到者"。

中国信用卡诞生于 20 世纪 80 年代。1986 年 6 月，中行北京分行发行了长城信用卡，这是我国历史上第一张银行卡。但是，严格来说，中行推出的这张信用卡其实还不是真正意义的信用卡，还留有深深的"中国特色"烙印。因为当时国家规定银行不允许贷款给个人，中国还没有个人信用之说，所以，使用这种卡的人必须先存钱，然后再刷卡，类似于如今的借记卡。

直到 2003 年，中国信用卡产业才开始进入快速发展的阶段。2002 年 3 月，中国银联成立，为中国信用卡业务的开展扫清了最后障碍。至此，各家银行纷纷开始涉足信用卡业务，在信用卡领域发力。各家银行纷纷成立信用卡中心，新兴的信用卡业务成为各个商业银行的兵家必争之地。截至 2010 年底，国内信用卡发放总量接近 2 亿张，全国信用卡跨行交易金额接近 5 万亿元，消费金额接近 2 万亿元，信用卡消费在社会消费品零售总额中所占的比重也在不断提升。

2011 年 5 月，广州农商银行太阳信用卡首发。

从 2003 年到 2010 年，正是广州市场信用卡发展的黄金时代，各家银行在广州市场陆续完成了跑马圈地，并在规模效应中品尝到了信用卡高速增长的甜头。但是，广州农商银行却并没有享用到这场信用卡业务的"盛宴"，因为还没有完成商业银行改制，囿于原有体制的障碍以及准入制度的限制，这家银行机构在 2010 年前一直没有开展信用卡业务。

直到 2010 年 7 月，广州农商银行才决定全力进入信用卡市场，开展信用卡业务。"此时，广州的信用卡市场已是一片红海，后来者很困难。但是，我们作为一家商业银行，不可能放弃这一银行零售业务的高地。"王继康回忆说。"2010 年，我们决定开展信用卡业务，主要是基于几个考虑：一是当时国外银行的信用卡利润是商业银行的重要利润来源，我们既然改制为商业银行，就不可能忽视信用卡业务的巨大吸引力。二是，我们判断中国信用卡市场发展很快，随着城市化的进程，还有很大的发展空间。最重要的是，发行信用卡可以增强我们的核心竞争力，开辟新的利润增长点，有利于实现我们的长远目标。"

正是出于这样的考虑，2010 年 7 月，广州农商银行进入信用卡市场正式排上日程，各项筹备工作开始紧锣密鼓地开展。

信用卡业务的筹备工作，由当时的银行卡中心具体负责。当时银行卡中心只是一个隶属于个人银行部的二级中心，成员仅 4 人，原有业务主要是负责借记卡发卡、POS 机收单、借记卡积分等业务，开展信用卡业务的重任就放在这个当时很小的部门。

筹备全新的信用卡业务，除了人力不够、经验缺乏之外，广州农商银行还面临着两只"拦路虎"：一是信用卡发卡牌照；二是信用卡系统搭建。没有银监会的信用卡牌照，便意味着不具备开展信用卡业务的资质；而信用卡系统的搭建，也是开展信用卡业务的前提。信用卡业务从无到有，千头万绪，用行领导的话说，"这是一场攻坚战"。为保证首战告捷，行领导牵头各部门负责人和业务骨干，成立了"信用卡项目组"，统筹信用卡业务的各项筹备工作。

时任个人银行部总经理张艳主动请缨，担起申请信用卡发卡牌照的"硬骨头"，并向行领导立下军令状，"春节前一定申请到信用卡牌照！不然不回家过节！"

但是，申请牌照的过程一开始并不顺利，银监会报批时需要的资质和配套附件要求，几乎在宣告着"各种不可能"。张艳至今还记得那段时间的煎熬，每天到处请教专家和同行，一遍遍地跑银监会沟通，准备各种汇报材料等，经常是通宵达旦。"千头万绪，各种困难，每天四处奔波，筋疲力尽。好在行里当时非常重视，提供了很多支持，最后总算是成功申请到了牌照"。

2011年1月31日，春节放假的前三天，信用卡发卡牌照终于批下来了，看到批文，银行卡中心立马沸腾了，每个人都非常高兴，如释重负。

春节假期刚过，当其他人还在回味节日的欢庆，银行卡中心和信用卡项目组的全体人员便投入了紧张的工作中。2月，广州农商银行发卡系统签约中国银联数据服务有限公司，并开展测试信用卡系统。同时，开始正式设计信用卡卡板。对于广州农商银行信用卡的"第一个婴儿"，从行领导到普通员工，几乎所有人都用一种几近"苛刻"的标准来要求，希望这个"初生"的"婴儿"尽可能的完美。一遍遍的头脑风暴，一遍遍的推倒重来，一遍遍的工艺琢磨，最终一个象征着光明的太阳卡卡版设计拍板了，太阳信用卡正式诞生了。

二、市场"新兵"

广州农商银行信用卡业务在 2011 年顺利启动，但在此时，广州信用卡业务的的市场竞争格局却不容乐观。信用卡业务这时已是广州各大商业银行的寸土必争之地，四大国有银行及招商、交通银行等，早已是虎视眈眈、精心布局，经过几年的快速增长，这些同行的信用卡业务早已是兵强马壮。新生的太阳卡，如同初生的婴儿，但不得不跟广州市场上的各路人马狭路相逢。在近乎残酷的市场竞争中，稍有不慎便满盘皆输。压力摆在当时银行卡中心所有员工的肩头。激烈的市场竞争中，广州农商银行靠什么站稳脚跟？

在外人看来，当时的太阳卡，跟广州同行相较，无论哪一方面都处于劣势。虽然在广州市场，广州农商银行的网点覆盖率占优，在广州的农村地区也有传统的优势，但是对于信用卡业务来说，因其用户群体主要是城市白领，而在中心城区，该行无论是网点覆盖还是品牌认知度，都不占优；而且，对于刚刚进入信用卡市场的广州农商银行来说，无论是产品的丰富程度还是技术的成熟度，这个市场的"新兵"也都处于劣势。摆在这家银行机构面前的，似乎是一道难以逾越的高墙。怎么办？

"以贴心服务赢得市场，是我们在市场开拓期的取胜之道。"广州农商银行业务总监陈林君回忆说。伴随着市场竞争，金融产品越来越趋向同质化，任何产品或营销手段都很容易被模仿或复制，随着产品功能和价格的日渐趋同，只有服务才能成为客户选择银行的标尺。"信用卡市场的竞争，到最后其实就是服务的竞争。"陈林君这样说。

贴心服务首先体现在提供符合客户需求的产品上。"只有提供客户需求的产品，才能真正赢得客户。"广州农商银行清楚，在严峻的市场竞争中，只有不断推出符合用户需求的产品，才能使自己在市场中立于不败之地。但是，要设计出新产品谈何容易！一个又一个的新产品思路被提出，一个又一个的被无情否定，银行卡中心陷入苦思冥想中。

2011 年，经过无数次的不眠之夜和头脑风暴，"幸福卡套卡"

推出市场。这是广州农商银行发行的第一张主题概念信用卡，也是第一张以套卡方式发行的信用卡。幸福卡是一款特别为家庭客户提供的金融产品，瞄准家庭理财市场。其特色在于主附卡存取同户，可在设定的额度内存取款、转账，主卡持卡人不必再为跑银行汇款而烦恼。这一款产品契合了当时的市场需求，尤其是有家庭成员在外地求学的，开办附卡即解决了家庭成员间汇款的麻烦。所以，幸福卡推出市场后，一炮而红，因其特色设计以及用心服务的理念，迅速获得市场的认可。

2011年，中国的网络购物已很具规模，并呈蓬勃发展之势。相关数据显示，至2010年底，淘宝交易额已达4000亿元，淘宝支付工具支付宝用户突破5亿，使用支付宝交易服务的商家已经超过46万家。通过充分的市场调研，广州农商银行在网购热潮中发现了客户的潜在需求。

2012年3月，广州农商银行正式推出首张联名信用卡——淘宝卡。持卡人只需简单注册，即可开通信用卡的支付宝快捷支付功能。在满足支付宝快捷支付的基础上，该卡还配置了网购分期手续费优惠，以及支付宝积分宝和银行卡积分的转换功能。因为定位精准，这张信用卡产品推出后，很受市场欢迎，尤其受年轻客户的钟爱。信用卡中心借船出海，又打了漂亮的一仗。

以贴心服务为理念，信用卡事业部在提高服务质量上狠下功夫。在基本服务上，为客户提供方便、快捷的服务，如提高ATM

机通存通兑的便利性，增加商户联网的范围，完善授权等；同时，客户服务中心 365 天每天 24 小时为客户提供电话服务，客户可以随时随地拨打免费电话到客服中心咨询信用卡的任何问题，并办理相关业务。训练有素的客户专员不仅态度亲切，解说正确，还千方百计为客户提供额外的服务。

"信用卡业务面对的是数量巨大，繁琐、细化是信用卡工作最大的特点。客户使用信用卡越频繁，可能发生的问题就越多。如果没有强大的客户支持，任何一项市场计划都没法执行，而且只要在一个很小的环节上出现疏忽，就容易失去客户。"在一次经营会议上，信用卡事业部总经理发出这样的声音。

为实现信用卡业务的良性发展，信用卡事业部在 2014 年签约台湾知名的从事银行业务咨询业务的 Tiger 团队为外聘专家，重塑信用卡业务，打造卡部业务团队。

Tiger 团队入驻后，第一个大动作就是筹建信用卡业务的直营团队。第一期招募团队成员 200 人，集中由外聘专家培训。直营团队第一期成员还记得，培训没有现成的场地和办公室，只得用一个行内抵债而来的泰式餐馆作为培训场地。"培训场地没有重新装修，还保留着餐馆原来的原木森林的装修。所以我们第一期的成员笑称这是'魔法森林'。"第一期直营团队的成员如期从"魔法森林"毕业，饱含斗志走向市场。直营团队的成立，翻开了信用卡部发展的新篇章。

以贴心服务为取胜之钥，广州农商银行的信用卡业务迎来一段发展的坦途。

2013年初，因信用卡业务的飞速发展，总行决定将银行卡中心从零售部中独立出来，单独成立银行卡事业部，银行卡中心正式"独立门户"。

2014年12月，银行卡事业部又迎来一次转身。为促进信用卡业务的发展，银行卡事业部原来兼管的借记卡和收单业务划归零售金融总部，卡部变身为单纯的信用卡事业部。

2015年8月，通过前期充分的市场分析、国际卡组织的比较和筛选、相关行内材料的准备等一系列工作，信用卡事业部终于成功地加入了VISA国际卡组织，成为筹备外币信用卡工作中的一个重要的里程碑。信用卡事业部实现了自身发展的关键一跃。

三、致胜"宝典"

强大的客户服务能力和符合客户需求的产品让太阳卡在信用卡市场上独树一帜，无论哪种产品，都可以发现它承载着广州农商银行贴心服务的灵魂。由此，太阳卡也网聚了一批忠实用户，他们愿意与这家银行一起成长，也乐享其提供的贴心服务。

随着竞争环境的日趋白热化，货币政策转向偏紧、监管政策不断出台，对信用卡业务的经营提出了更高的要求。面对新的挑战，信用卡事业部开始精耕细作之路，在追求业绩之路上继续前行。

"信用卡业务进入精耕细作阶段后，我们更加注重为客户提供差异化服务。"广州农商银行副行长陈健明这样说。

差异化服务的前提是细分市场，深度挖掘客户需求。为赢得市场，广州农商银行对客户的细分更是精益求精。在大量市场调研分析的基础上，对消费者的行为和需求进行深入了解和判断，根据消费人群的区域特点和消费特征提供丰富、细化的产品和服务，努力建构广州农商银行信用卡的差异化竞争优势。

在差异化服务上，信用卡事业部有两个制胜"宝典"：一是因需而生；二是创新驱动。凭借这两个"宝典"，该行不断延伸差异化服务的触角，在方寸卡片上创造出了更大的价值。

"所谓因需而生，就是对趋势的把握和需求的洞察。根据客户的潜在需求，开发出满足需求的金融产品。"陈健明解释说。

"因需而生"是广州农商银行开发信用卡产品的"原点"。2014 年 11 月重磅推出的"全飞卡"，就是这种理念孕育出的一个产品。

通过对市场的充分调研，该行注意到，高端持卡人经常有商务旅行，机场停车、代驾服务等都是他们头疼的问题。根据这一需求，信用卡事业部逐家拜访各航空公司并与之签约，推出了第一张白金信用卡产品——面向商旅客户的太阳全飞白金信用卡。

该产品提供给客户全国最优的 7 元累积 1 航空里程的优惠，同时配备如高额航空意外险、1 元机场停车、免费酒后代驾、高端健身服务等一系列高端权益。太阳全飞白金信用卡的推出马上引起业内的震撼，很快获得市场的认可。这一产品也获得了《信息时报》颁发的 2014 "最佳推荐商务精英信用卡"奖项，得到了业界的认可。

"创新驱动，就是把创新作为产品开发的灵魂。"凭借不断创新的精神，广州农商银行先后推出了"钱钱卡""全乐卡""全行卡"等特色产品，在为客户提供贴心服务的过程中，也取得了同质化的突破。

针对客户交通出行方面的需求，信用卡部推出了"全行卡"系列，为客户提供丰富多彩的增值服务。比如除了常规积分正常累计外，持卡人所有汽车加油、买火车票、买机票、租车等刷卡消费，还可以按比例获得额外回馈；针对有车一族，还给持卡人提供免费道路救援和网上车管家服务，用户通过银行就可以完成缴纳交通罚款、预约年审等服务。

"钱钱卡"也是创新的产物。村社业务一直是广州农商银行的业务重点，为了激发村社的潜在需求，该行一直在开发能跟村社紧密联系的信用卡产品。2014 年 6 月，围绕村社客户需求的"钱钱卡"推出市场。这是一张标准银联信用卡金卡，以"月月有钱返，积分兑大奖"作为宣传口号。针对的市场是广大农村社区市场，发行对象多为农村的"两委"成员和经济社的高管。广州农商银行在广州农村地区拥有深厚的人脉资源，加之信用卡的各项优惠措施直接针对村社客户消费习惯；而业务人员与目标对象打了多年的交道，对发行对象的资产和信用状况相当了解，在发行过程中省却了很多调查证明材料，手续非常简便快捷。因此，太阳钱钱信用卡一经推出，很快获得了市场的良好反响，两年内发卡量超过 10 万张，成为信用卡业务的生力军。事后也证明，太阳钱钱卡的坏账率相当之低。这无疑是广州农商银行针对处自身优势市场发行的一款成功的信用卡产品。

为占领市场，广州农商银行在信用卡业务中，采用无差别定价策略。在年费制定上，基本上所有的信用卡，无论是普卡、金卡还是白金卡都实行首年免年费，刷卡满 6 次免次年年费；透支取现的手续费也是一律采取按透支总额的 2.5％来算，透支利息则统一为每天万分之五，分期费率为每月 0.65％；免息期都为20—50 天，滞纳金为 5％，超额费也为 5％。唯一采取差别定价的方面是授信额度，会根据申请人的职业不同、收入不同、年龄不同等因素来划分不同的授信额度。

如今，太阳信用卡已诞生 5 年了，对于人类来说，5 岁尚属懵懂的年龄，对未知的世界充满了好奇。然而，对于信用卡事业部来说，五年的发展却是经历风雨、积累经验、赢得价值的不凡历程。如今，一个符合国际惯例的"中心化""集约式"的信用卡事业部已在广州农商银行形成，并建立了一整套完整的业务经营和管理链条。在广州信用卡市场上，太阳卡家族正在显示着它越来越坚定的存在。

第三节　客户眼中的私银

三年的时间可以做什么？从 2013 年开启私人银行业务迄今，广州农商银行私人银行中心已走过了三年的时光。对一项全新的银行业务来说，三年只是起步和初创时期；但对私人银行中心来说，三年的时间，见证着他们探索的坚实脚步，也见证着他们的欢欣和喜悦。2015 年，在《广州日报》"2015 金质金融服务"品牌评选活动中，评委将"2015 年度最佳本土私人银行"奖项授予广州农商银行私人银行中心，荣誉的背后是市场对私人银行中心业务发展的认可。

一、开局之年

私人银行是银行业务皇冠上的明珠，私人银行在欧洲已历经数百年沧桑，并已成为家族财富传承的纽带。然而，直到十多年前，私人银行在中国却还是一个令人陌生的词汇。2005 年 5 月，中国银监会发布《商业银行个人理财业务管理暂行办法》，才第一次正式提出私人银行业务的概念。

随着中国私人财富以罕见的速度增长，私人银行家们的神经亦随之跳动。2007 年是中国私人银行的"元年"。这一年 3 月，中国银行私人银行中心在京沪两地同时开业，成为国内首家设立私人银行中心的中资银行。此举引发了"连锁反应"，同年 8 月，招商银行私人银行中心开业；两天后，中信银行私人银行中心成立。此后，各家商业银行私人银行中心如雨后春笋般成立。作为一项源自欧洲的"舶来品"，私人银行带着为高端客户提供金融服务的基因，开始在国内生根、发芽、开花、结果。截至 2015 年末，国有五大行与七家大型股份制商业银行（招商银行、兴业银行、民生银行、浦发银行、中信银行、光大银行、平安银行）的私人银行资产规模总计已接近 5 万亿，资产规模以十位数的增速极速扩张。

商业银行在私人银行领域持续发力的背后，是银行业务向轻资产转型的大趋势。随着传统存贷业务对银行资本约束的日益增大，商业银行转型迫在眉睫。由于私人银行业务净资产收益率较高，并拥有连接财富端和资产端的独特优势，因此被认为是商业银行利润的重要驱动器与转型的有力结合点。

正是在这样的背景中，广州农商银行也开始筹备进入私人银行业务领域。广州作为中国高净值人士集中度很高的地区，对私人财富管理有着巨大的市场需求，也为银行开展私人银行业务提供了发展机遇。顺应这种形势，2013 年，广州农商银行正式成立私人银行中心，是隶属于零售金融总部的二级部门，正式进军私银业务。

"私人银行中心的成立是与我行的经营战略转型高度契合的。"广州农商银行副行长陈健明介绍说。时钟拨回到 2013 年，虽然以资产规模论，广州农商银行在国内农商银行中排名稳居前列，但随着传统存贷业务对资本约束的日益增大，银行整体经营战略的转型也迫在眉睫。对此，广州农商银行从"以产品为中心"转向"以客户为中心"，积极适应市场发展变化的需要，并开始酝酿"大零售"的业务转型方向，以客户分层为基础，打造多层次、立体化的零售金融生态圈，满足客户全方位、全渠道的金融服务需求。"当然，我们成立私人银行中心，也有良好的业务基础，在广州市场我们的零售业务板块一直做得很好，也为私人银行的设立提供了良好的条件。"陈健明说。

创办之初的私人银行中心一切都要从零开始。按照广州农商银行董事会的部署，私人银行中心确定了"立足地域优势，打造具备区域影响力的私人银行"的发展愿景，如同一个蹒跚学步的孩子，私人银行中心在新的业务领域摸索着前行。

美丽愿景的实现需要脚踏实地的细致工作。"私人银行是一项全新的业务，什么都要从零开始，包括组建团队、形成业务模式、建立相应流程、构建管理体系等等，一段极其忙碌的日子。"私人银行中心总经理陈泽慧回忆说。短短半年时间，新成立的私人银行中心围绕业务发展做了大量基础性工作，包括设置机构、招聘和培训人员；建立私人银行业务相关的各项制度；构建产品和增值服务体系。初创的私人银行中心在与时间赛跑。

相比广州市场的国有大行以及招商、民生等股份制银行，广州农商银行私人银行中心起步较晚，犹如褶褓中的婴儿，无论在品牌、市场影响力，还是客户基础、综合服务能力等方面具有明显的劣势。如何拓展业务？这是摆在私人银行中心面前的首要问题。

"面对市场，我们打出的王牌就是打造差异化竞争优势，'比大银行更亲民，比小银行更专业'是我们提出的口号，也是我们初创时期业务发展的方向。"陈泽慧介绍说。面对同业竞争压力，初生的私人银行中心以差异化为王牌，通过获客渠道的差异化，下沉客户，进而提供差异化服务。

人才瓶颈和获客渠道是私人银行业务的两只"拦路虎"。"私人银行业务对从业人员的专业知识水平和能力提出了很高的要求，刚成立中心时，我们最紧迫的一个问题是缺乏专业化的团队。"陈泽慧回忆。为突破人才储备的瓶颈，私人银行中心引入第三方培训机构，对从业人员进行了系统的专业性训练。通过培训提升客户经理、投资顾问团队的专业素质，初步形成了具备大局观与丰富经验的经营管理团队，具备坚韧性和沟通技巧的财富顾问团队，具备专业性与创新能力的产品专家团队。

私行业务的运行，如何获客是重点之一。陈泽慧透露，私人银行中心虽然是从零起步，但是零售业务却一直有很好的基础，所以，依托支行获客成为私银中心最为现实的途径。在考核机制上，广州农商银行采取双向计价的方式考核，即总行私人银行中心、支行共享利润。依托原有储户基础，私人银行中心很快成功地吸引了一批本土以保障财产安全和稳健增值为主要理财目标的高净值人士，业务开始稳步推进，发展渐入佳境。

"从客户数量、管理资产规模等方面看，过去三年，我们私人银行中心借鉴同业私人银行运作经验，根据广州本土高净值客户特点，已经初步完成第一阶段的探索。下一阶段，我们的业务将开始提速。"陈泽慧自信地表示。

"海阔风正疾，扬帆正当时。"短短三年内，广州农商银行在私人银行业务领域初步站稳了脚跟，并交出了一份漂亮的成绩单，她就像一个刚上一年级的小学生，虽然稚嫩，但也充满着希望。

二、是"服务"，不是"产品"

"私人银行的核心是提供专业的金融服务，这是本分。"一位商业银行的高管曾这样说。他的这一观点正在成为中国私人银行业的共识。

在中国私人银行业务发展之初，因为人才、技术、政策等的限制，大多采取"先圈地、后做窝"的发展模式，即先开发出产品，抢占高端客户资源，然后再寻求进一步的服务。然而，在产品层面，整个私人银行业务层面同质化现象普遍存在。这种同质化体现在两个方面：一是银行内部产品的同质化，私人银行的产品几乎与零售银行没有区别，只不过认购金额有所不同而已，直接造成私人银行产品竞争力不足。二是不同银行私人银行机构间产品同质化，同业间的复制性很强，各家银行的私人银行没有形成自己的特色，行与行之间的产品也极为类似。

私人银行追求的是为高端客户提供个性化与差异化的金融服务，所以，这种"圈地"模式显然不能长久，要赢得客户，就必须精耕细作，注重服务品质的提升。当中国私人银行业走过最初的跑马圈地拓展业务布局阶段，越来越多的私人银行开始在个性化与差异化上下功夫，致力于为客户提供专属定制的产品和服务，精耕细作，力拓市场。

广州农商银行私人银行中心从一开始就不满足于片面的"圈定"客户，而是将服务作为立身之本，"私人银行本质是一种'服务'，而不是'产品'。私人银行提供的是个性化的一对一服务，要坚持以客户需求为出发点，以客户利益最大化为根本，为客户提供可资信赖的'管家式'服务，而不是简单地向客户推销产品。"陈健明副行长说。

以客户需求为出发点，广州农商银行私人银行中心努力打造具有自身特色的产品服务体系，力图以产品服务为抓手，通过更加全面和多样化的产品和服务，更好地满足客户的需求，增加客户黏性。

在成立之初，私人银行中心就加强了服务的精细化，推动"1＋N"私人银行客户服务模式。"1"即一个私人银行客户经理，考虑到客户经理在专业服务技能、产品知识等方面难以满足私人银行客户综合财富管理、资产传承、全球资产配置等个性化需求，私人银行中心在后台成立专业团队，为前台的"1"提供"N"项专业化服务支持，包括投融资服务顾问团队、私人产品定制专员及增值服务专员等。通过专业的资产配置服务，提升客户服务体验，以特色化服务扩大私人银行客户群体。

根据广州本土高端客户特点及其需求，私人银行中心通过定制化、专享化的产品体系进行市场拓展。根据客户风险喜好，私人银行中心建立了风险递进（低、中、高）的产品体系，将产品分为"私享""尊享"等系列。其中，"私享"作为定制化拳头系列，主推固定收益、类固定收益类产品，打造私人银行产品高端产品定制品牌。针对资金大、收益率要求高的特定群体，定制私享信托理财产品以拓展新客户。"尊享"系列以稳定、提升存量客户为主，每月定期推出两至三期固定收益、类固定收益产品。在市场拓展过程中，私人银行中心的服务重点也由产品销售走向了深度维护，通过"1＋N"的服务，围绕客户需求共同达成解决方案与投资策略。

"为了突出私人银行的服务核心及本质，我们还建立了多元化尊享增值服务体系，延伸私人银行客户的服务触角。"陈泽慧总经理介绍说。借助第三方专业的非金融服务供应商资源，广州农商银行私人银行中心搭建了客户尊享增值服务平台。为私银客户提供商旅出行、健康养生、海外移民教育等增值服务。为满足高端客户需求，私人银行还为客户提供高端定制服务，如高端定制海外旅游、私人法律顾问、税务顾问等非金融服务。

私人银行中心关注客户所关注，突出私人银行文化与理念的传播，建立开放式的交流平台，搭建聚集第三方优势资源的健康服务、法律服务、子女教育、艺术品投资等平台。如以"关怀身心·健康养生"为主题，推出中医名家一对一问诊、中医体检、未病诊断及口腔洁牙等健康保健服务。

"在这场私人银行业务的竞争中，只有深入了解客户需求，度身打造差异化的业务模式，才能夺取私人银行市场的主动权。"陈泽慧总经理这样说。私人银行对银行机构服务客户的能力提出了更高的要求，满足客户需求意味着向客户提供复合性的产品和全方位的服务。随着我国高端私人客户的迅速成长，他们对综合金融理财服务的要求也越来越强烈，对从事私人银行业务的银行来说，这是一个新的考验。

对于私行业务市场空间，广州农商银行也显得较有信心。根据相关私人银行的报告数据，到 2015 年底中国个人可投资资产总额大约为 110 万亿元，其中高净值人群可投资资产总额约 44 万亿元，高净值家庭达到 201 万户，预计到 2020 年会达到 300 多万户。目前，能享受私人银行服务的客户不到 30%，私人银行服务供给明显不足，需要增加私人银行服务供给。私人银行业务是一个巨大市场，各家机构都需要根据自身的发展阶段和禀赋优势发展私人银行业务，并不存在一家或几家机构垄断私人银行业务问题。

"私人银行刚起步，将从客户体验做起。产品和服务好不好，不是我们银行说了算，客户是产品和服务的最终使用人，客户才有最终的发言权。除了依托有市场竞争力的产品、专业敬业的服务外，将积极探索先进的金融科技，提升客户体验。"陈健明这样表示。

"风雨多经志弥坚，关山初度路犹长"。广州农商银行私人银行中心才刚刚起步，前行之路也注定不会平坦通畅。但是，不经历风雨，怎么见彩虹，随着市场的历练和经验的摸索，私人银行中心终将走出属于自己的发展道路。

第四节　公司金融

商业银行公司业务未来的发展方向在哪里？

这是一个正在困扰中国商业银行的战略性问题。近年来，我国金融市场环境发生了深刻变化：利率市场化的落地，金融脱媒的趋势形成，经济结构转型导致的信贷需求萎缩，同业竞争越来越剧烈。各种因素叠加对商业银行传统公司业务形成挑战，原有的经营模式和盈利模式面临转型。

但是，急剧变化的金融市场环境同时也为商业银行拓展新的公司业务疆域提供了机遇。在市场的风浪中，很多商业银行迈出了创新的步伐，以企业的金融需求为基础，通过加大产品设计开发的力度，为广大企业用户提供了更加方便、快捷、多样的金融服务和综合化金融解决方案。银行公司业务开始由单一的存贷结算转向多元、综合化的金融服务。

公司金融业务是广州农商银行收入的重要来源，更是该行金融服务创新的重要载体。以创新和转型为关键词，公司金融部走出了一条成功的改革之路。截至 2016 年底，广州农商银行对公存款余额 1795.89 亿元，较该年初增长 243.03 亿元，同比增幅 15.65％。对公存款规模实现快速增长，保持广州地区银行同业存款总量排名第四位。

在竞争日趋激烈的广州市场，广州农商银行在公司业务领域为什么能一直保持在"第一集团"？对这一问题的回答，勾画了它通过经营战略创新、金融产品创新与营销管理体制创新，从传统公司信贷业务向现代公司金融业务转型的发展轨迹。

冲击与转型

银行传统的公司业务主要是为企业提供基本的存贷款和支付结算业务，银行的利润也主要依靠"吃利差"，"但是，随着我国金融市场的变化，这种传统的业务模式已不能满足企业客户的需求，单纯依靠信贷扩张的发展之路已经彻底走不通了。"在一次金融高峰论坛上，一位商业银行行长以非常肯定的语气做出了这样的判断。

传统的公司业务模式面临的第一个挑战是我国资本市场的发展以及"金融脱媒"趋势所带来的冲击。

随着我国金融体制改革的逐步深化和成熟，尤其是金融市场的建立和发展，"金融脱媒"现象开始出现，且趋势越来越明显。我国股票市场自 1990 年代初、债券市场自 1990 年代末建立以来迅速发展壮大，企业可以直接通过资本市场发行股票和债券等证券产品融资，对银行信贷业务的依赖性降低，银行作为社会资金中介的地位受到挑战，传统以存贷款利差为主要收入来源的盈利模式受到冲击。同时，资本市场的发展也使得投资渠道大大拓展，银行存款受到冲击。在此背景下，银行被迫开拓新的业务领域，寻找新的利润来源。

在这样的背景下，广州农商银行在 2009 年改制完成后，就开始酝酿公司业务的转型。

在 2010 年的年度经营工作会议中，该行对公司业务的经营模式明确提出转型的要求。"一个是要求从以前的单纯注重大客户向中小企业客户转变；另一个就是从以前的扩张规模到发展中间业务和表外业务。"广州农商银行公司副行长吴慧强回忆说。

从此，广州农商银行开始逐步抛弃单纯强调信贷规模扩张的发展思路，转而在综合化、差异化的发展道路上一路前行。

对于一家从农信社转型而来，对传统公司业务具有深厚情感的金融机构而言，在公司业务上推进转型面临太多困难。"首先是情感上的，很多人对传统的业务模式在情感上有依赖。毕竟，传统的公司业务给银行带来最多的利润，也是我行主要的利润来源；其次是有顾虑，担心公司业务的转型，会流失传统的优质公司客户。"吴慧强副行长回忆说。

但是，广州农商银行的管理层决心很大，王继康在一次接受采访中，对未来银行的发展做出如下判断："目前国外银行收益 60％以上靠表外业务、中间业务，而我国银行业还主要依赖受保护的息差收益，这不能代表一个银行的经营水平。未来中国银行业会有一个分化过程，这个分化主要是在中间业务、表外业务、创新业务上看谁能够更好的转型。"

从发展方式、业务模式、产品创新、金融服务等方面入手，广州农商银行开始全面推进公司业务的转型。在发展方式上，该行之前走的是一条外延扩张式发展方式，即通过拉存款、拼贷款、布网点等方式，注重规模和速度。然而，在利率市场化及资本约束的背景下，这种方式会带来很大的资金压力。通过调整，广州农商银行改变了这一做法，在公司业务上不再单纯的拼速度、拼规模，而是注重质量和效益，走一条内涵集约的发展之路。

银行公司金融的业务模式大体有两种，一种是以存贷款业务为主的传统经营模式；一种是大力发展零售业务、中间业务，提供综合化、国际化服务的现代经营模式。广州农商银行之前主要是传统的经营模式，主要依靠利息收入。针对新的金融环境，该行管理层调整了业务模式，根据公司客户需求多样化、差异化的特征，将业务范围从之前的同质化、单一化经营向差异化、综合化经营转型，大力发展零售业务和中间业务。"我们根据广州市场的特点，重点主攻小微企业。因为广州经济发达，民营企业有很好的基础。"吴慧强回忆。

根据发展方式和业务模式的调整，广州农商银行也对内部管理进行了升级，对银行资产负债管理、授信管理、成本管理和资源配置等进行改革。2014年9月，为应对公司业务转型发展的挑战，完善公司业务经营和管理机制，广州农商银行正式启动"公司条线标准化建设工程"，推动条线管理标准化，授信操作标准化，产品管理标准化，营销服务标准化，业务培训标准化，国际业务流程标准化，为公司业务可持续发展保驾护航。

在公司金融转型之路上，广州农商银行两个路径同时推进：一是优化业务结构；二是推进综合化经营。"优化业务结构包括调整信贷结构和调整资产结构。"吴慧强说，"信贷结构上，我们在小微贷款上发力，改变以大型企业占主导地位的客户结构，提高小微企业信贷的比重；另外就是发展公司类中间业务，努力提高公司类非利息收入比重。"

随着产业升级，企业对金融服务的需求不再局限于单一的存贷业务，而是呈现出综合化的特征，比如直接融资市场的发展增加了客户在债券承销、担保、资金理财、私募、融资顾问等方面的业务需求。公司客户集约化管理的趋势促使总部对集团财务管理职能集中，为现金管理、网上银行业务发展开辟了空间；产业整合使客户对搭桥融资和财务顾问等投行业务产生大量需求；随着企业实施"走出去"战略，公司客户在国际结算、贸易融资、并购融资、全球现金管理、全面风险管理、金融衍生产品等创新产品方面的需求显著增大。

企业新的服务需求，也为银行公司金融开辟新的领域提供了可能。根据新的市场情况，广州农商银行在综合化经营之路上努力前行，突破人才、技术、管理等的瓶颈，开发出资产管理、结算清算、资金理财等金融服务。打破以前以业务分块的做法，强化业务条线之间的联动服务与交叉销售，全面介入客户的生态圈，协同利用银行、租赁、基金、信托、保险等多种金融工具与产品，为企业提供包括结算、融资、汇率、代理、网银和清算等服务在内的一站式、综合化金融服务。通过这些综合化服务方案，差异化的服务组合，从而提高企业客户的满意度和忠实度。

创新与开拓

金融脱媒现象，降低了公司客户对传统信贷业务的需求，但在现金管理、公司理财等领域衍生出了更多的金融需求，为商业银行参与资本市场、拓展中间业务提供了机遇。

如何抓住市场机遇？这道市场的考试题摆在了广州农商银行的面前。

"在新的市场机遇面前，只有加快创新的步伐，不断开发出满足市场需求的新产品，才能抓住它。"在一次经营会议上，易雪飞这样表示。

以创新为航标，广州农商银行在综合化金融服务之路上阔步前行，在公司金融业务的内涵和外延上都发生了巨大变化，公司金融业务从最初的支付清算和信贷等传统业务拓展为包括存款、贷款、结算、投行业务、中间业务等综合、立体、全面的金融服务组合。

2013 年，根据客户的业务需求，广州农商银行推出低风险国贸融产品组合及"国贸融理财通"等产品。"金斗云"现金管理平台上线，投产资金池、多级账簿等 26 个重点产品，大大缩减了支付结算类产品与先进同业的差距，实现客户资金信息管理、远程管理、风控管理、结算管理的集中，增强了客户对农商银行的贡献度和依存度。

2014 年，互联网金融风起云涌，面对互联网金融的挑战，通过充分的市场调研和探索，广州农商银行结合互联网金融创新方法，加大产品创新力度，丰富对公产品，相继推出了"智能 C""智能 E""单位结算卡"等 29 个创新产品，拓展对公吸存的新途径，有效带动了对公业务的快速增长。

风景这边独好。新的业务领域的拓展，给公司金融部带来勃勃生机，通过产品创新，公司金融部不断开疆拓土，在全新的市场中策马奔驰。

2015 年，广州农商银行首笔境外融租通业务、首笔外保内贷、首笔跨境人民币外债业务、首笔非融资性国际保函、首笔自贸区平行进口汽车授信和汇款、首笔跨境结汇通业务等多种创新业务均成功落地，并先后获得中国外汇交易中心外币拆解及外币对市场会员两项重要的外币资金业务资格。

国际业务"小荷才露尖尖角"，负债业务、中间业务等则"渐入佳境"。

2015 年，公司金融部加大了对公结算及存款类产品研发及创新力度，先后成功研发并上线了"赢家 e 站""单位大额存单"及

"循环E贷"等业务产品，并对"智能存A款""智能存B款"及结算账户套餐产品进行了优化完善。赢家e站互联网投融资平台的推出，同步满足企业融资和互联网用户的投资需求，极大地提升了金融服务效率，是广州农商银行在互联网金融领域的一次全新尝试。

2015年3月，广州农商银行成功取得信贷资产证券化业务资格，并在年内成功发行10.37亿元，打开资产证券化探索的破冰之旅。作为全国首单中小企业信贷资产证券化的创新之举，获市场高度认可，并受到银监会高度赞誉。

在财务顾问与债券业务上，广州农商银行也有突破。2015年，推出"上市通"产品，成功签约164户高成长公司客户，中收创收2500万，实现上市财务顾问服务中收零突破。债券承销量突破75亿，新增债券直接融资31亿。发债规模同比增长22.5%，其中，广州地铁超短融11.6亿、中期票据12.2亿。

创新产品带动业务增长。2015年，招投标资金存管平台成功吸收25亿元土地拍卖保证金。智能存系列产品，余额达到67.7亿、单位大额定期存款成功发行七期，吸收存款24亿元，赢家e站投融资平台运行4个月，成功为22个中小企业客户提供互联网融资服务，融资项目近35个，融资金额近3018万元，拓展互联网投资客户近1085人。

"造一条擦掉困惑的毛巾，造一双寻找美丽的眼睛。让想法变成行动，造一条属于自己的路。"有一首歌这样唱道。在金融市场变化何去何从的困惑中，广州农商银行以创新服务为航标，寻找到了一条属于自己的发展之路，并在这条全新的发展之路上，发现了新的风景。广州农商银行以脚踏实地的努力，让市场"看到"了她的"骄傲"。

第五节　金融市场

随着利率市场化、金融脱媒和互联网金融的不断深入发展，区域性的农村商业银行面临着前所未有的冲击，同时也蕴含着巨大的发展机会。在这股改革浪潮中，新兴的金融市场业务成为商业银行经营发展棋局的关键。

在这场金融改革中，广州农商银行勇立潮头，将金融市场业务作为自身改革发展的重要推进器，并成为广州金融市场的"弄潮儿"。从 2006 年资金业务部正式成立，到 2016 年，金融市场业务已走过十年，成功实现了"三级跳"。十年风雨兼程，见证着金融市场业务的茁壮成长，也见证着金融市场部"凤凰涅槃"后的重生。

一、十年改革"三级跳"

金融市场业务一直以来是广州农商银行引以为豪的特色业务，

尽管只是一家地方性商业银行，但在银行金融市场上它却被同业关注并充分认同。比如资产管理业务，"我们已成功跻身全国资产管理业务第一梯队，在长江以南，做资管业务，规模较大的，几乎都会与我们合作。"广州农商银行业务总监陈千红说。数据也从一个侧面印证了他的话，从 2008 年发行第一支理财产品，到 2015 年末，累积发行太阳理财产品 1000 期，无一例外都按照预期收益率兑付，为客户创造收益 39 亿。

时光回溯到 2006 年，广州农商银行（原广州农信社）资金业务部正式成立，全行资金业务由总行营业部转移至总行资金业务部，业务主要包括票据、债券和外汇，改变了全行资金管理权由原各市县联社分割管理的局面，实现了资金的统一调配使用，为金融市场业务的发展奠定了关键的一步，完成了金融市场业务发展的第一跳。

2011 年 3 月，原资金业务部进行了事业部改制并更名为金融市场事业部，成为广州农商银行首批事业部改制部门之一。业务范围也由票据、债券扩张至本外币货币市场、资产管理业务和同业机构业务等，业务品种更趋于多元化。事业部的成立为金融市场业务打开了新的窗口，实现了承前启后的"第二跳"。

从此，广州农商银行的金融市场业务进入了发展的快车道，通过不断的产品组合创新，该行的金融市场业务不断发展壮大。事业部成立后，在时任金融市场部总经理陈千红带领下，通过准

确判断和把握当时偏紧的信贷环境，积极配置转贴现票据和票据
类信托受益权，2011 年，广州农商银行票据类资产投资额占总体
投资比例达 17%。2012 年，在传统单一的银信合作基础上，成功
开辟出银证、银证信、银基等新型合作模式，在非标资产投资中
取得重大突破。与此同时，通过优化内部审批环节、提高投资效
率，成功抢占非标资产市场。非标资产投资成为资产管理业务的
品牌业务。2012 年，广州农商银行非标资产投资发生额占全年投
资额比例达 58%，成为投资利润重要增长引擎。债券交易量也不
断攀升，2006 年，债券交易量约为 1700 亿元，2014 年债券交割
量 5.4 万亿，在银行间市场排名第 17 位，在农商银行系统排名第
1 位。

2014 年，金融市场部成功进行了转型与组织架构调整，形成
了"一体两翼三支撑"的格局，其中"一体"指广州金融市场本
部，"两翼"指上海业务部和北京业务部，"三支撑"指郑州、成
都和大连三个业务中心。自此金融市场业务实现了组织架构和业
务体系创新的关键"第三跳"，金融市场业务成为广州农商银行具
有核心竞争力的业务，成为在金融业界的一个招牌。

"一体两翼三支撑"的格局，为广州农商银行金融市场业务注
入了新的活力。比如北京业务部成立后，从开始单一的非标投资
逐渐转变为标准化产品投资为主，非标投资为辅，资本市场和创
新产品投资为补充的良性发展模式；培育了方正集团、清华控股、

中国远洋、中信国安、泛海控股、天房集团、泰达集团等一批京津两地优质国企核心客户。在产品创新上也表现不俗，在行内率先实现债券委外、分级基金、新三板定增、平层定增、商票、基金 C 类等业务和产品的投资。

"快速发展与稳健经营是金融市场业务的'一体两面'，金融市场部在发展过程中，应该时刻将风险防控放在首要位置。"广州农商银行的一位高层曾这样说。

与传统银行业务相比，金融市场业务受市场波动的影响更大，市场上每一个风吹草动都会引起金融市场的剧烈波动。"因此，我行对金融市场的风险控制更加重视。"在广州农商银行看来，商业银行赚的是"稳钱"，是在经营资金过程中获取剩余价值，凭借的基础是信用。只有稳健经营才能获取客户的支持和信任，有了信用才能更好实现资本集中和资本积累，没有维系银行发展的信用基础，一切将会是"海市蜃楼"和"海底捞月"。

因此，在开展金融市场业务的同时，广州农商银行严格控制经营风险底线，不被市场热点和短期的利润所牵引，去追求不合理的利益，"不在刀尖上跳舞"，注重稳健经营。为加强金融市场业务风险防范，广州农商银行建立了一整套规范的业务流程和操作规程，从制度上杜绝"魔鬼"的侵袭。包括在业内率先实现了风险团队内嵌制，实现了风险总监派驻制，建立了一支具有战斗力的风险管理团队。通过完善的管理来防范风险，比如建立了金融市场业务投资管理办法、风险限额管理办法、投前投后管理办法、同业授信管理办法等一系列管理办法。在业内率先对金融市场业务采用五级分类的办法进行管理，并计提了相应的拨备，在客观反映金融市场业务经营业绩的同时，提升风险抵御能力。

十年间，经济周期更迭，债市牛熊转换，经历风雨锤炼，广州农商银行金融市场团队始终活跃在市场第一梯队，直面市场的竞争和挑战。金融市场部通过自身的转型践行着中小商业银行在金融市场改革中差异化、特色化及可持续的发展道路，其改革创新的勇气令人敬佩。如今，在利率市场化大背景下，市场竞争将会更加激烈，广州农商银行在金融市场等新兴业务的助推下，转型成效也将更值得期待。

二、十年创新"痴心不改"

利率市场化大背景下，如何实现一家银行的可持续发展，是每家商业银行都必须回答的问题。而对这一问题的回答，也考验着银行管理层的智慧。对这道必答题的解题，展示着广州农商银行管理层的远见卓识。早在 2010 年刚刚完成改制之时，管理层就开始部署业务转型，摸索如何降低银行对传统利息收入的依赖，如何加大中间业务的业务占比。在银行金融市场摸爬滚打多年，给予了这家银行机构把握市场的敏锐性。在新的市场环境中，金融市场业务开始步入快速发展期。而在它的身上，也被寄予了助推广州农商银行业务结构转型的重任。

作为业务创新转型的缩影，金融市场部紧贴市场前沿，不断推陈出新，十年创新"痴心不改"。

在瞬息万变的金融市场环境下，金融竞争日趋激烈，银行产品创新的步伐日益加快，创新能力直接关系到银行的综合竞争实力。紧贴市场前沿，不断推陈出新，广州农商银行资本市场业务应运而生。

2012 年 10 月，广州农商银行在债券业务上实现零的突破，成功完成第一笔债券投资 1 亿元"12 外滩 PPN001"。2013 年，受银监 8 号文影响，该行大力发展标准化资产，在债券业务上实现巨大突破。2013 年 6 月，投资第一支公募债券基金——泰达宏利高票息定期开放债券型证券投资基金。2013 年 9 月投资第一支可转债项目——诺安金狮五号资产管理计划。2014 年 4 月投资第一支纯债信托集合资产管理计划，2014 年 4 月投资第一支债券增强型产品优先级。2014 年 12 月投资第一支债券劣后产品。2015 年，考虑到信用利差不断收窄，仅靠票息已远不能满足资管业务发展需求，在此背景下，债券委外业务逐渐进入到广州农商银行的投资范围。2015 年 6 月，成功投资第一支债券委外业务。

早在 2008 年，广州农商银行便开始启动理财业务。从 2008 年 3 月，该行第一支理财产品面世至今，该行理财业务一直以稳健性与安全性备受市场关注。

近年来，"太阳聚富""太阳添富""赢家稳盈""尊享稳富""安心回报"等多个理财品牌系列在市场上有口皆碑。覆盖客户类型包括普通个人客户、高净值型个人客户、私人银行客户、公司客户、金融同业客户。2015 年，广州农商银行共发行理财产品 1787 亿元，年末理财产品余额达到 600 亿元。理财业务迅猛发展的同时，该行创造的中间业务收入也随之快速增长。在普益标准发布的 2016 年四个季度银行理财能力排名中，广州农商银行在理财能力综合排名、产品发行能力、产品丰富性和风控能力等方面均列农商行第一名。

在"非标业务"上，也屡有斩获。2012 年，广州农商银行在"非标"业务上取得突破，在单一的银信合作基础上开辟银证、银证信、银基等新型业务模式。2012 年 7 月，投资第一笔定向资产管理计划——中信建投东莞红舜项目；2012 年 12 月，投资第一笔基金专项资产管理计划——红塔红土基金创收一号专项资产管理计划。此后"非标"业务模式逐步朝多样化发展，"非标"资产成为广州农商银行金融市场业务的优势资产。

在资本市场上，2013 年，广州农商银行率先尝试开展定向增发业务，开启进军资本市场业务之"号角"，成为金融市场部的新生代主力军。2014 年，在定向增发业务初步取得成功的基础上，将资本市场业务逐步扩大至融资融券收益权、股票质押式回购、打新基金、伞形配资等。

2014年1月，广州农商银行获得证券投资基金托管资格，成为全国第21家获得托管资格的商业银行及全国首家获得托管资格的农村商业银行。2015年10月，获得中国保监会核准的保险资产托管业务资格。取得资格的两年多来，该行以银行理财、信托计划等场外托管业务为切入点，逐步向证券类场内托管业务扩展，持续丰富托管服务内容，托管规模和托管产品的类型实现了较快速的增长，成为以后新一轮利润的增长点。

"创新是金融市场业务发展的立足点和原动力，是金融市场业务的灵魂。"一位商业银行的行长在一次论坛上的发言点明了金融市场业务发展的关键点。随着各家银行对金融市场的重视，市场竞争也日趋激烈。只有不断创新，顺应客户需求，开发出个性化的、多样化的金融产品，才能在市场中立于不败之地。以创新为推动力，广州农商银行在金融市场上长袖善舞，不断推陈出新，业务范围不断拓展，由票据、债券业务起步，触角不断延伸，介入新的业务领域，理财业务、非标投资、资本市场业务、资产托管业务等等，在业务量稳步增长的同时，也带动中间收入的增长。广州农商银行金融市场业务的发展，见证着中国商业银行业的深度变革。

第八章　渠道建设

第一节　财富还是累赘？

银行业有一句老话："金融服务，渠道为王"。在银行业发展的黄金年代，银行网点的数量体现一家银行的综合实力和核心竞争力，是商业银行对抗同业竞争的壁垒，也是商业银行攻城掠地、占领市场的基础。

但是，随着互联网金融大潮的袭来，这一曾被银行业视为"金科玉律"的观点似乎正在发生改变。

随着技术手段的进步，银行渠道越来越多样化，电话银行、网上银行、手机银行纷至沓来，虽然网点仍是各家商业银行的主渠道，但银行网点在服务客户、树立品牌形象的同时，也造成了一定的资源浪费，一些"鸡肋"网点则成为商业银行提高整体经济效益的沉重包袱。

商业银行通过网点精心构筑的"壁垒"，也正在被互联网金融模式轻易突破。2015 年 1 月，互联网巨头腾讯发起设立的深圳前海微众银行正式开门营业。微众银行没有营业网点，也没有营业柜台，所有银行业务都通过网络开展。这种纯粹立足于网络的银行经营方式，与国内高达 20 万家银行网点的生存现状形成鲜明对比，并引发了业界对于银行网点转型和发展的深入思考。银行网点向何处去？

银行网点是资源，还是包袱？一时间，银行网点的发展变得扑朔迷离，叫人难辨方向。

这一问题也曾经深深的困扰着广州农商银行。

在广州市场，广州农商银行是名副其实的"网点之王"，2006年统一法人改制完成之后，这家银行机构在广州市共有营业网点640 个，网点数量居全市金融机构之首。

"网点之王"的桂冠曾经让广州农商人深深自豪，但是，随着金融市场的变化，"网点之王"开始感觉到"隐痛"。由于历史性因素，在统一法人改制之前，广州农商银行在网点的布设上有些属于政策性取向，没有进行充分的成本效益分析，导致部分网点经营效率相对较低。

"网点数量多当然有利于抢占市场份额，抢占客户资源，拓展品牌影响力。但是，小有小的局限，大有大的难处。我们的网点也还是存在网点软硬件欠佳、网点品牌建设落后、网点资源配置不均、网点建设效率低下等诸多问题，成本高居不下，财务上有很大的负担。"广州农商银行副行长吴慧强回忆说。

在新的金融环境中，银行网点面临着一场挑战。曾经被认为是银行业"珍珠"的网点似乎正在丧失其魅力。一方面，网络和现代通信技术的发展、互联网金融的冲击，重塑了银行客户的消费习惯，客户对网点的依赖性正在下降。另一方面，网点经营成本很高，从纯成本收益角度分析，已经不再是经济的业务渠道。

然而，这颗"珍珠"依然散发着独特的光芒。尽管新兴渠道已经成为银行重要的销售与服务渠道，但银行网点在银行业务经营中仍发挥着不可替代的作用。特别是在复杂业务办理、获取咨询服务等涉及银行与客户之间深度互动交流的业务领域。安永全球零售银行 2014 亚太客户体验调查报告显示，40％的客户会因为网点而选择这家银行，即使在互联网金融的冲击下，银行网点在相当一段时间内仍是银行最重要的渠道。对此，广州农商银行有坚定的信念，在一次全行会议上，易雪飞表示："我行物理网点数量和分布在同业机构中具有比较明显的优势和特色，我们必须充分利用和发挥这一优势和特色。有时候有些同事担心随着互联网金融发展，物理网点会被逐步替代成为负资产，如此担心毫无必要。真实情况是，线上线下相互促进、相得益彰，线上线下不可替代、缺一不可。我们的物理网点必须快速而有效地实现功能转型，使之成为效能强大的销售渠道、客户体验终端、品牌形象展示点。"

　　因此，如何更好地发挥银行网点这一最"贵"渠道的作用，实现网点功能调整和经营模式转型，成为商业银行必须要解决的问题。

　　在新的挑战面前，一场银行网点的升级转型之战在广州农商银行开战。

　　尽管是广州的"渠道之王"，但是该行网点布局和网点建设上却存在有明显的弊端。一是网点分布不均。因为历史原因，该行的网点大多分布在农村偏远地区和城乡结合部，城市核心区的网点分布则严重不足，城区网点占比不足 20%。在广州市核心城区，无论是服务能力还是品牌，都处于绝对劣势。二是网点功能单一，营销能力无法释放。网点以简单交易结算服务为主，以致营业网点的营销功能不强，单点的经营能量无法释放，服务功能不齐全。

　　对于广州农商银行来说，这场网点升级转型是一场脱胎换骨的变革，它既是一场理念、策略、流程的变革，又是一个管理方式、分配机制和服务文化的改变。

　　"要把网点转型和效能提升作为一项系统工程来抓。既要考虑硬件的转型和提升，如全行网点布局优化调整、网点内部功能分区建设、网点信息化智能化建设、支持网点转型的后台建设等；也要考虑软件的转型和提升，如考评分配制度建设、人力资源配置、教育培训投入、形象识别系统建设。"易雪飞这样表示。

2010 年 11 月，广州农商银行举行第一届网点服务风采大赛。

2010 年，广州农商银行正式启动营业网点的升级转型。2010年、2012 年，先后制定《2011—2013 年网点布局规划》《2013—2015 年网点布局规划》，努力整合银行网点资源，致力于将网点客户"数量优势"变为"质量优势"，推进网点营运标准化改革。

"我们从 2010 年起开始推进网点转型，转型的内容从'硬件'发展至'软件'，从单一网点提升至多渠道经营。"广州农商银行业务总监蔡惠然介绍说。

网点"硬件"升级是指优化网点布局，升级网点配置。根据网点建设存在的问题，广州农商银行以"集约化经营"为原则，对原有网点实施优化整合，以实现网点规模和布局最优。撤并部分效率低下和布局重叠的网点，网点资源更多向城市核心区倾斜，选择发展潜力大、中高端客户资源集中区域布局网点。同时，对原有网点进行改造，改变网点原有的单一柜台服务功能，根据业务的繁简程度将网点空间划分为简单业务区和复杂业务区，根据不同业务属性将营业面积划分为普通业务区、VIP 区、理财业务区、自助服务区等。为有效地对客户进行分流，提高客户体验，在网点增设自助设备，加大自助服务建设的力度。

针对原有网点服务能力不足，营销能力没有释放的弊端，广州农商银行在各营业网点也同时进行"软件"的升级。所谓"软件"，指的是网点服务能力，它是银行竞争力的直接体现。为增强网点的经营能力，从 2010 年开始推进网点精细化管理，完善网点经营人员的配备，加大对网点工作人员的培训，完善绩效考核机制，对操作流程进行标准化指引等等，以提高网点的服务水平和营销能力。

通过转型升级，广州农商银行的网点形象焕然一新，服务能力大幅提升。只要客户进入营业网点，便有银行员工主动迎接，询问需要何种服务，将客户迎到指定的办公区域，为客户提供专业的"一站式"服务。通过提高服务水平，广州农商银行单点效能增强，客户结构进一步优化，网点单产能力由 2010 年的 1.48 亿元（储蓄规模）提升至 2016 年的 3.5 亿元，增长 136%。

作为银行有形的服务窗口和形象代表，银行开展业务的前沿阵地，银行网点一直并将继续发挥着巨大的、不可替代的作用。"我们认为，银行网点是财富，而不是累赘。尽管有互联网金融的冲击，但是网点仍是银行营销产品、开发产品、服务客户、推动业务的出发点和落脚点，还是吸收存款、留住客户的重要工具。"广州农商银行的一位客户经理这样说。

在激烈的金融竞争中，关键是金融服务的竞争。与"工农中建交"及全国性股份制银行相较，作为地方性银行，广州农商银行在金融产品和创新能力上或许并不占优势，但是，广州"渠道之王"的桂冠有可能在今后的金融市场竞争中，成为其克敌制胜的一张"王牌"。

第二节　电子银行的黄金时代

近年来，我国电子银行的建设迎来了一个高速发展的"黄金时代"。

随着互联网以及移动互联网的普及，互联网与金融的融合逐步从草根民间登上大雅之堂。以支付宝、微信支付为代表的第三方支付呈现爆发式增长，他们通过小额支付、日常生活缴费、发红包等方式培养客户金融支付习惯，并借力"双十一光棍节"、春节等节日事件营销形成病毒式营销，引导客户的金融支付向新兴渠道转变。前海微众银行等互联网银行的兴起，更是挑动着传统银行的每一根神经，重新定义了银行的渠道方式。

面对互联网带来的机遇和挑战，传统银行积极融入变革浪潮，"取"互联网金融的优势，补充传统金融服务的不足，"舍"固守传统渠道服务模式。取舍之间，催生了许多脱离传统物理渠道（网点）的金融服务方式。借助于新技术，电话银行、网上银行、手机银行等不同于传统网点的新渠道应运而生，并逐渐成为与银行网点并驾齐驱的服务渠道，为客户提供方便、快捷、无处不在的金融服务。

电子银行的快速发展，改变着传统银行服务模式的同时，也在改变着客户的金融行为。经过近十年的发展，电子银行渠道和电子银行服务已经成为商业银行向客户提供服务必不可少的渠道和内容。以中国工商银行为例，2014年，工行电子银行交易金额超过400万亿元，通过工行电子银行渠道办理的业务量占全部业务量比重的86％，相当于3万多个物理网点、30万柜员所办理的业务量总和，电子银行系统支撑了工行1.8亿个人网银客户海量的业务交易。

在这一轮电子银行发展的"黄金时代"，广州农商银行的服务渠道也发生了翻天覆地的变化。"借力互联网技术的进步和发展，我行近十几年加速电子银行的建设，超常规、跨越式建设自助渠道，着力发展网上银行、电话银行、手机银行等电子渠道。如今电子银行与银行网点共同构成我行业务经营的两大支柱、两个渠道和两个网络。相应地，单一物理网点渠道的经营模式已经成为过去，两个渠道办银行，两个渠道做业务，两个渠道做服务，已成为我行基本的经营模式。"业务总监蔡惠然介绍说。

所谓"两个渠道办银行"，指的是广州农商银行通过市场的考验，逐渐认识到电子渠道和银行网点协同发展的重要性，并开始持续推进银行网点和电子银行的有效整合。

在广州农商银行管理层看来，银行渠道的建设是提高自身竞争力的有效手段。因为，银行之间的竞争最终其实是金融服务的竞争，而金融服务要通过银行的渠道来体现。渠道建设能否适应快速变化的客户需求和经营环境，做到因势而变、因时而变，对银行的发展具有至关重要的作用。"如果用人体来打比方的话,包括营业网点和电子银行在内的银行渠道就是了解客户需求的'眼''耳''鼻',向客户传达信息的'口',以及帮助客户办理业务,实现服务功能的'手'和'脚'。不可或缺,非常重要。"广州农商行的一位高层这样比喻。

"春江水暖鸭先知",在电子银行渠道方兴未艾之时,广州农商银行就对渠道建设给予足够重视,在加强物理网点布局调整力度的同时,加大了自助服务、电子银行渠道的建设,构建了微信银行、手机银行、短信银行、网上银行等全渠道的电子服务网络。业务处理也由原来的柜面人工办理逐步向电子渠道分流,形成电子交易渠道与物理网点的协同发展。

以前,广州农商银行网点经常被客户诟病的一个现象是,因为柜台资源有限,网点排长队,客户不堪其苦。相较传统的银行网点,电子银行具有速度快、成本低、流程规范、操作简单灵活、方便快捷等特点。为提高网点效率,提升客户体验,广州农商银行开始将业务从传统渠道向电子渠道的"搬家"。

"搬家"首先瞄准的是银行的基本服务业务。网点经常发生的个人和企业的账户资金查询,企业和个人本人名下账户转账,给他人同城或异地、本行或跨行的汇款,以及每月定期偿还银行贷款等等,这些业务占用了柜员大量时间和精力。通过引导,广州农商银行逐步将这些业务迁移到了电子银行。其次是银行的基本代理业务，如消费者日常生活中最经常、最直接的财务开支活动——交煤水电话费（煤气费、水费、电气费、固定电话及手机费），企业、单位每月发生的、交易量最大的发放职工工资业务等，把这些代理业务迁移到电子银行渠道上实现。再有就是推动投资理财业务放到电子银行上办理。如客户买卖基金、股票、外汇、黄金，以及办理保险等，这些业务严重地占用了网点资源，影响了银行服务效率。通过把这样"繁琐费事"的可操作性强的业务放到电子银行渠道上办理，网点的工作效率大为提高，客户的服务体验也更好。

随着金融竞争的加剧，广州市场上"诸侯纷争"，英才云集，金融产品林立。如何抢占优质客户资源？广州农商银行的答案是，丰富电子银行服务功能，完善服务功能，为客户提供更加方便快捷的金融服务。

随着互联网金融的演进，广州农商银行加快互联网金融产品创新，先后推出微信预约取款以及掌上车管家服务，打造金属、钱币、农产品、房屋、车辆等特色电子商城，试水互联网金融理财新模式，搭建线上线下一体化融资平台，实现上下联动，并开始探索"流程银行"的建设。

"我们的流程银行开发，成型了以后就可以形成以客户为中心的服务体系，客户在任何终端只要触动鼠标，一点击就可以办理相关业务；甚至可以拓展到相关业务领域。客户可以足不出户就享受到传统的金融产品和金融服务外买机票、购房屋等各种消费以及相配套的金融服务。"王继康憧憬着。

电子渠道的建设，改变着广州农商银行客户的习惯，也改变着该行的业务结构。如今，客户足不出户就能享受这家银行机构贴心的金融服务；通过电话银行、手机银行、网络银行，客户可以完成支付、转账、小额信贷、投资理财等业务，而不必像以前那样去银行网点经历漫长的等待；在商城食肆、地铁公交、户外商旅、居家休闲等各类生活场景，客户都可以使用电子银行渠道随时随地便捷地办理业务。电子银行的建设，让广州农商银行的金融服务更精彩。

第三节 社区里的"银行便利店"

因为一家社区银行的开办，广州番禺区尚东尚筑小区的居民生活悄然发生着改变。

2014年，广州农商银行在这个小区开办了一家全功能的"社区银行"，从此，小区居民告别了在大型银行网点漫长等待的日子，家门口就可以办理各类银行业务，网点工作人员甚至还可以上门服务。而且，这家社区银行采取"你下班我营业"的延时服务，营业时间延长到晚上8点，居民下班后还可以到这家银行办理业务。

　　不同于其他银行的模式，这家开在家门口的银行，更像是家门口的便利店。网点提供多种便民服务，如提供便民雨伞、免费饮品、周边商户打折和优惠等便民服务。买彩票、话费充值、缴纳煤气水电费、第三方设备服务、速递易等都可以通过社区银行操作。社区银行里也采用了自动化程度较高的新设备服务网点，自助存取款机、网上银行终端、ATM 等设备一应俱全。

　　在这家社区银行，每周还举行一场丰富多彩的活动，小区居民可以享受到理财知识讲座、美容知识讲座、养生知识讲座及参加各类健身活动等。

　　从 2013 年起，广州农商银行借鉴国内外社区金融发展经验，结合网点数量多、分布广的特点，利用自身网点进行合理的功能分区改造，打造以"家·温馨"为主题的社区银行网点，并运用智能元素、错时服务等社区金融新模式，在广州开设全功能型"社区银行"网点，"使社区居民足不出户或在家门口就能一站式解决各种生活和金融服务需求"。

　　2013 年以来，在银行业大举进军社区金融的示范效应带动下，各大股份制银行、区域性银行纷纷跟进，大力扩张社区金融，掀起了一股社区银行的热潮。在这一背景下，广州农商银行也不断加大在城市商业区和社区的战略布局，在大中型居民社区设立社区网点或社区金融服务站，大力推动金融服务进社区。尚东尚筑的社区银行也因此在这股热潮下开业，这也是其开拓业务新渠道的举措之一。

　　"'金融服务，渠道为王'这句话并没有过时，变革时代，银行业的竞争更加激烈，占有渠道，就意味着占领市场，拥有金融资源，就会最终带来收益。社区银行、金融便民店等就是我行根据新的市场需求拓展出的新渠道，以抢占竞争先机。"广州农商银行副行长吴慧强说。

　　社区银行的概念源自于美国，社区银行是指一种融入社区、主要为所在社区的住户和企业提供金融服务的金融机构。安快银行是美国社区银行的典型代表，也是全球最成功的社区银行之一。1953年，偏远的俄勒冈州内一小镇上，6个伐木工人创办了安快银行，为的是方便伐木工人兑换支票或贷款。自创业之始，此银行就具有强烈的服务社区精神，只不过，当时它所服务的对象，是伐木场的工人。安快银行的飞速发展肇始于90年代，经过几十年金融服务的创新实践，一路扩张到拥有数百个网点，现已被誉为美国最佳社区银行代表，连续两年被美国独立社区银行协会评为"顶级社区银行先锋"。安快银行是一家不止让同业赞叹的银行，甚至备受其他行业的知名公司所推崇。

　　在安快银行的网点，传统银行中一本正经的银行职员和大理石砌成的高大圆柱消失不见，取而代之的是微笑着等待为客户提供帮助的店员，以及如同饭店大厅一般舒适而时尚的开放空间，顾客可以在这里休息、读报、上网。免费的特调咖啡和 Wi-Fi 的提供让所有客户都能感受到自己不会因为账户金额的多少而被忽略。丰富多彩的社区活动亦让安快银行俨然成为客户生活的中心枢纽，不断吸引客户来"逛"银行，从而产生金融服务的商机。

美国安快银行的成功给中国银行业以很大的启示。近年来，随着我国城市化进程加快和社会经济结构调整，城市管理的重心正在由"单位制"向"社区制"转变，社区经济蓬勃发展，社区金融需求潜力巨大。在这样的背景下，"社区"便成为银行在原有网点及电子渠道之外开拓的一个新的业务渠道。围绕社区银行，国内银行业纷纷"试水"。

工商银行、农业银行、建设银行等国有银行相继设立"社区金融服务站""社区金融超市""社区理财超市"等，为社区居民提供一体化的金融服务；民生银行、华夏银行等股份制商业银行也在社区开办"金融便利店""社区银行网点"，提供自助开卡、网银签约、自助存取款、自助缴费转账、金融咨询等非现金业务，抢占社区金融市场。

截至目前，我国绝大多数商业银行都立足于自身独特的区位优势，发力社区银行，抢占新的"高地"，完善渠道布局，创新服务模式，取得了很好的效果。

紧跟市场步伐，从2013年开始，为全面提升社区金融服务水平，广州农商银行以"金融服务进社区，共建和谐好家园"为主题，大力开展"金融服务进社区"工作。在认真开展调研分析的基础上，该行结合广州城乡居民的金融消费特点，按照"形象有牌、服务有序、资料上架、设备进点、惠民进区"的工作思路，开创性地推进社区金融服务工作。

广州农商银行从现有的 630 多个营业网点遴选了 100 个辐射周边社区的、基础设施较好的网点，设计统一 VI 标识，重点打造为"社区银行"，通过硬件升级改造和软件服务提升提高网点整体服务水平。对网点场所及设施进行升级改造，增设和更新银行自助设备，完善服务功能；优化功能分区，设置便民缴费专窗、网银体验区等功能区，方便客户办理各类型业务；增设雨伞架、书报架、便民医药箱、饮水机等配套便民设施，展现全新的网点形象。

为向客户提供更个性、更便捷的社区金融服务，广州农商银行针对高校、企业、工厂等不同社区客户需求，开展"金融服务进社区""金融服务进校区""金融服务进厂区"等系列活动，为社区居民、院校师生、中小企业主、厂区员工提供各类型服务，如对楼盘社区居民提供免费的投资理财知识以及养生健康讲座、为厂区工人免费提供用卡安全咨询以及汇款指导服务、为批发市场商户提供账户管理及融资规划服务等。

社区银行的开办，拓展了广州农商银行的业务渠道，也完善了其渠道布局，构成了传统网点、电子渠道和社区的"三驾马车"；同时，也丰富了其金融服务内涵，改善了社区金融生态。

渠道是银行产品和服务的终端，在很大程度上，渠道的多寡、完善程度和运营效率，体现了一家银行的市场竞争力。对于广州农商银行来说，渠道建设永无止境，它是一个持续优化、不断提升的工程。随着金融环境的变化，未来渠道建设又会出现新的方向。渠道建设只有起点，没有终点，永远在路上。

第九章　内部管理

第一节　信息技术

随着互联网时代的快速到来，我国银行业的深彻变革早已开始。这场变革，不仅是传统业务模型的变革，也是银行信息技术的变革。

在这个强调便捷、效率的时代，客户需要银行提供方便快捷的服务。当客户选择新的业务模式，他们需要银行能在第一时间做出改变；当客户遭遇风险，他们需要银行保护自己的信息和资金安全；当客户频繁进行消费，他们需要银行保证快速交易……在银行客户能直观感受到的如移动支付、ATM 机等科技应用外，在很多看不到的地方，其实也存在着各种功能强大的技术为金融机构的运转提供保障：保护数据安全、维护系统性能、保障流程顺畅、分析大数据等。银行各种金融创新产品的不断涌现，在给客户提供方便与快捷的同时，也给其信息系统带来了前所未有的压力和挑战。

一

　　"企业发展到一定程度后，都需要有一个 IT 的跨越；要实现金融企业的跨越式增长，没有 IT 系统的支持不可能。"王继康曾这样说。

　　在这一思想的指导下，广州农商银行通过搭建具有国际先进技术和应用水平的信息技术体系，不断促进服务模式和业务结构调整升级。目前，广州农商银行已经建成同城和异地灾备系统，构架了"两地三中心"容灾模式。各类信息系统"遍地开花"，已投入生产运行的信息系统多达 120 多个，涵盖核心存贷款、国际结算、资金交易、支付结算、流程银行、网络金融等各类业务系统，以及办公管理、绩效考核、管理会计、监管报送、人力资源等各类管理系统。广州农商银行的信息系统，就像是贫瘠土地长出的一棵独苗，经过近十年的精心培育，已长成一颗参天大树。

　　回顾广州农商银行信息化建设的"辛"路历程，首先看到的是一串不断变更的机构名称。从信用合作联社时代的电脑部，到后来的信息技术部，再到现在的信息技术运维部和信息技术研发部，伴随着机构名称变化的，是人才队伍的不断壮大。十年前，电脑部只有 35 个人，围绕旧综合业务系统为中心开展开发设计与运维管理工作;如今,运维部与研发部合计 130 人,较十年前增长了约四倍。就是这些科技员工,支撑着一百多个信息系统的稳定运行与优化升级,为各类金融业务的有序开展保驾护航,为创新发展提供强力支撑。

很多信息技术部的老员工对几年前的一个场景记忆深刻。2009 年的最后一个夜晚,广州农商银行信息技术部办公室里座无虚席,开发人员、操作人员、业务人员同时投入新一代核心业务系统上线的收官之战。执行数据移植—投产切换—内部验证—切换完成,新系统上线的每一个步骤都牵着现场每一个人的心。紧张的一夜。2010 年 1 月 1 日,广州农商银行新一代核心业务系统正式投产上线,服役了十年之久的旧核心业务系统画上句号。

核心业务系统是银行信息系统的"心脏"。广州农商银行的旧核心业务系统历史要追溯至 1998 年,当时广州农村信用合作联社开始进行核心系统一期项目开发并分批上线。随着银行业务的不断发展,旧核心业务系统越来越不适应发展的需要,在业务流程、核算、服务渠道等主要方面具有设计性的缺陷;系统根本不具有支持客户数据的渐进性丰富的要求,更无法满足客户服务的个性化要求。

要想给广州农商银行装上强劲的"引擎","换芯"势在必行。2007 年,广州农商银行决定启动新一代核心业务系统项目建设。王继康对新一代核心业务系统建设提出了"合时、合身、合用"

的基本原则，"合身，就是管理信息系统要与我们的身份、市场定位相符合，不贪大求洋，重在能为我所用；合时，就是要与现在银行业的管理信息系统的先进性保持一致，得符合潮流时宜，能在未来一定期限内不落后、不过时，最好能具有一定的前瞻性，能随竞争和业务发展、产品创新的需要随时进行延展；还有合用，就是界面友好，操作便捷简单，便于员工和客户操作使用。"

以"合时、合身、合用"为原则，新一代核心业务系统的建设正式吹响了集结号，新一代核心业务系统包含会计核算、存款业务、贷款业务、资金、国际结算等八大业务模块，涵盖上百个业务品种，涉及大额支付、小额支付、农信银、金融服务平台等多个结算渠道，影响约二十个外围系统的接入。经过无数个不眠之夜，一次又一次的精心调试，2010 年 1 月 1 日新系统整体切换上线。

核心业务系统的上线，为广州农商银行实现更贴心的客户服务、更快速的产品研发、更智能的服务渠道、更精细的数据信息，提供了强有力的支持。

二

新一代核心业务系统成功上线，为广州农商银行换上了强大的"心脏",但是新一代核心系统所搭配的前端柜台操作平台却设计落后,操作复杂,无法充分发挥新系统的优势,新系统缺乏与之相匹配的工作流程引擎以及前端柜面系统。

在内部需求与外部压力的双重背景下,流程银行系统项目应运而生。2011年,广州农商银行正式启动流程银行项目。通过引入流程化控制和作业管理的理念,建立了以总行作业中心为主要层级的后台处理体系,运用流程控制、影像扫描、OCR(光学字符识别)、电子验印等技术手段,对业务流程进行拆分,将处理环节分离到后台,实现随机并行业务处理,剥离柜台操作性事务环节,从而实现简化柜台处理操作、控制操作风险、提高处理效率、改善服务质量、降低运营成本的目标。2012年底,广州农商银行成功实现了流程银行全辖网点推广。

"在国内金融同业中,我行不是第一家实施流程银行系统的银行,不过,我们是第一家实现流程银行系统全业务交易切换上线的银行。2014年银监会发文推广流程银行系统建设时,我们的流程银行系统已经稳定运行了长达两年之久。"广州农商银行业务总监蔡惠然回忆说。

大数据时代的到来给现有的生产关系和商业规则带来了颠覆性的变革,数据无疑将成为下一个社会发展阶段的石油和金矿。对于银行来说,数据就是其商业皇冠上最为耀眼夺目的那颗宝石。

现代银行已越来越依赖于通过数据分析来寻找最优的决策支

持，以适应瞬息万变的市场要求。四大国有商业银行已于十年前开始以数据仓库系统建设为标志的大数据开发进程，股份制商业银行（如广发银行、招商银行、民生银行等）也已于近两年逐步尝试通过大数据开发来提升整体业务创新与经营管理水平。在此背景下，广州农商银行全力打造数据系统，致力于从数据中攫取价值、赢取未来，让数据收集与分析成为自身发展的重要增长极。

2013 年底，广州农商银行启动了数据管控与数据仓库项目，项目范围包括数据仓库平台、数据管控体系、数据应用系统三个子包内容。"数据仓库建设和数据治理是一个长期优化的过程，我们采取了分期建设的策略。"蔡惠然介绍说。首先建设的是数据仓库平台，通过引入先进的数据模型，建立数据仓库十大主题数据框架，基本实现上游 21 个主要业务系统关键业务数据入仓存储，并为下游管理驾驶舱、统一报表平台系统正式供数。"数据仓库的建设解决的是全行数据收集和整理的问题。"数据仓库的建设，一举解决了广州农商银行数据孤岛、口径不一等问题，为决策分析提供快速、准确的数据，有力促进了管理效率和数据应用水平的提升。

此后，广州农商银行又完成了数据管控体系建设，从规划咨询、制度规范、内容建设、系统平台四个方面推进并完成数据管控体系建设各项基础工作，初步建立数据管控体系基础框架，为后续数据有效治理打下坚实基础。

　　为提高数据应用水平，广州农商银行在前期建设基础上又启动了数据仓库项目二期建设，一方面拓展数据的使用范围，展现数据的应用价值；另一方面加大数据的整合，提升数据的质量，有效解决数据问题，为接下来的数据分析挖掘打好基础。

　　数据管控和数据仓库平台的建设及数据分析技术的应用，为科学决策、战略升级和经营转型提供强有力的支撑，是广州农商银行应对互联网金融挑战的"利器"，更是其实现可持续发展的重要手段。

　　回顾近十年广州农商银行的信息化建设，可圈可点之处比比皆是，从核心业务系统到流程银行的建设，从数据大集中到数据管控与分析，该行的信息技术状况发生了显著的变化，每一位参与其中或曾经关注的人都有诸多感慨和体会。从广州农商银行信息化建设的历程中，我们可以深切地感受到，在信息时代的大潮中，金融业尤其是银行业正在发生着一场波及整个经营管理模式的深层次的大变革。

第二节　风险管理

　　2001 年，世界银行在一份报告中这样描述整个金融产业："理想状态下，金融在幕后默默运行；但风云突变时，危机将痛苦地浮出水面。"仿佛是一句预言，6 年之后，一场由次级债引发的金融危机在美国泛滥，并迅速在全球引发了一场金融海啸。

在这场危机中，有着近 160 年历史、全球第四大投资银行美国"雷曼兄弟"一夜之间轰然倒塌，宣布申请破产保护。全球金融巨头花旗银行也陷入破产危机，大厦将倾，美国政府不得不在短时间内连续三次注资救助。

雷曼兄弟和花旗银行的教训为世界银行业再次敲响了警钟，风险管理是银行的生命线。风险管理的成败不仅关乎商业银行的经营业绩和竞争力，对于商业银行的经营成败乃至整个金融体系的长期稳健发展都会产生十分深远的影响。

一

作为一家区域性商业银行，广州农商银行自改制成功开始，稳健经营便已成为管理层的共识，并逐步完善风险垂直管理体系和全面风险管理体系，为该行的快速发展"保驾护航"。"如果说广州农商银行是一艘破浪前行的航船，那么风险管理制度的建设就是这艘航船的'压舱石'。"广州农商银行的一位副行长这样说。

广州农商银行的风险管理经历了从粗放到精细的过程，通过不断深化风险管理的改革和创新，培育出了审慎的风险文化。

2005 年 5 月，王继康接到任命，成为广州农信社联社（广州农商银行前身）主任，而摆在他面前的 500 亿存款中有将近 200

亿坏账，不良贷款率达 30.9％，资本充足率严重不足，企业面临巨大的经营风险。不良率居高不下，一方面与当时农信社承担了不少政策性贷款有关，另一方面也跟企业粗放的风险管理密不可分。那时的广州农信社，无论是管理层还是普通员工，普遍缺乏风险意识。因为历史原因，广州农信联社下辖的各区县信用社分别具有独立法人资格，在风险管理上各自为政，并没有统一的制度规范。"同样一项业务，不同的联社操作流程可能不同，杂乱无序，甚至一些与监管政策相抵触的制度仍然存在，必须具备的制度规范很多处于空白。"王继康回忆说，"甚至在有的联社，贷款审批要上党委会讨论。"

来广州农信社工作之前，王继康曾在中国人民银行工作，专门处置银行风险。过去的工作经验培养了他很强的风险意识，也让他更深刻地体会到"银行经营必须把风险控制放在第一位"。

2006 年 11 月，广州农信社完成统一法人改制，这家金融机构开始逐步构建稳健、全面的风险管理制度。冰冻三尺，非一日之寒，要转变习惯的力量也非一朝一夕之功。但是，要稳健发展，风险管理改革势在必行。在重重阻力中，风险管理的精细化革命艰难起步。

没有规矩，难成方圆。对于脱胎于农信社的广州农商银行来说，规范制度、流程是进行风险管理的前提。在统一法人改制完成之后，王继康首先的一个动作就是梳理和规范制度流程，"该废的废，该立的立，流程逐步统一规范，结束以前各自为政的状况"。另外就是将贷款权上收，搭建风险管理制度和体制。对于贷前、贷中、贷后，广州农商银行都制定了完善的制度流程：在贷前，制定《公司客户统一授信管理办法》，建立统一授信制度，实现业务从单笔上报到综合授信的转变；贷中，完善贷审评估体系，建立主审人制度与分级适当授权的审批人审批制；贷后，修订《对公客户贷后管理办法》，加强贷后检查的操作性、实效性；起草《信贷资产五级分类办法》，突出对正常类贷款的风险等级细分；广州农商银行还制定《公司客户信用评级管理办法》，明确新增授信客户准入门槛；着手建立客户经理分级管理制，赋予客户经理业务技能新的价值内容。

通过一系列动作，广州农商银行逐渐搭建起业务线与风险条线相对独立、独立审查审批、风险垂直管理的风险管理体制，建立起"统一授信、审贷分离、分级审批、责权分明"的信贷业务运营体制。随着体制的建立与完善，各项监管指标逐渐好转，但广州农商银行的风险管理体系依然不完善，风险管理意识还处于初始阶段。随着资产规模的高速增长，信用风险也逐步增加。

二

2009 年，广州农商银行改制为股份制商业银行，其风险管理也揭开了新的篇章。

随着改制的完成，广州农商银行挣脱体制的束缚，迸发出新的活力。在新的体制下，各项经营业务大步迈进，不断攀升新的台阶。然而，业务快速增长的同时，风险也在累积，不良率有回头的倾向。如何能够既快速发展，又稳健经营、风控到位，这个问题考验着广州农商银行管理层的智慧。

在2011年度工作会议上，王继康敲响了防患经营风险的警钟，他抛出"我行的风控能力和管理体制真的那么完善吗？"这一问题，引起与会人员的深深思考。"在业务规模达到相当高度的基础上，如何做到稳健经营，是我们需要认真思考的问题。"王继康说。

经过前期的风险管理建设，这时的广州农商银行虽然在风险管理水平上得到提高，实现了授信审批、放款管理、贷后检查等专业化的管理，但是风险管理系统仍不完善，存在一些风险隐患，比如风险管理人才缺乏、风险管理工具尚需完善、信贷管理系统功能尚需优化等等。无论是跟国内大型商业银行相较，还是跟国外先进银行相比，广州农商银行在风险管理水平上都还有一定差距。

随着经济技术的发展和同业竞争的日趋激烈，商业银行的生存已经与风险管理紧密结合在一起，忽视风险管理必将付出惨痛代价。这一观点成为了广州农商银行管理层的共识。他们意识到，没有稳健的经营，没有质量作保证，发展越快，后果越严重。"风险防控的弦绝不可以松，否则后果不堪设想。一旦出现风险，我们绝对不会留有任何谈判的余地和迁就的空间。"王继康告诫说。基于这样的认识，广州农商银行开始了新一轮风险管理建设，推动单一风险管理向全面风险管理转化。

全面风险管理是指以整个企业为管理对象的综合风险管理。全面风险管理体系的目标不仅仅是处理所面临的某一种风险，而是将信用风险、市场风险、操作风险以及流动性风险等全部综合在一起，考虑各种风险的相关性，并采用组合方法进行统一管理。

2010年，广州农商银行新一代信贷管理系统成功上线，实现了授信业务全流程电子化操作、无纸化审批、风险预警、报表自动生成等功能。同时，加强贷后管理和风险预警力度，出台《广州农村商业银行对公客户贷后管理办法》，提升风险的主动识别与评估能力，提高贷后管理的实效性，多角度提示风险。

作为区域性商业银行，广州农商银行将全面风险管理作为日常工作的关键，将稳健经营作为快速发展的"制动器"。这家银行拥有独立的信用风险管理部门，成立了风险管理委员会，对银行风险进行独立管理。

2011年，广州农商银行着手搭建全面风险管理体系。为建立风险防范长效机制，制订出台《关于加强全面风险管理体系建设的若干意见》，初步搭建全面风险管理组织架构，并提出全面风险管理体系建设的总体思路和工作目标。为确保全面风险管理的有效，有几个动作：一是成立全面风险管理体系建设领导小组，有效界定各类风险管理部门的权责边界，构筑前、中、后台三道风险防线。二是按信用、市场、流动性、操作、合规、声誉、案件等对风险进行分类管理。三是建立各类风险主办部室牵头推进机制。

"全面风险管理最重要的一个举措就是对风险进行分类管理，我们按信用、市场、流动性、操作、合规、声誉、案件等进行分类管理，界定各类风险管理部门的权责边界，构筑前、中、后台三道风险防线。"风险管理部总经理介绍说。

全面风险管理体系的搭建，另一个重要举措就是风险官派驻制度。为防止银行风险经理受到支行或分行领导的工作干扰，可以更好地管理当地行的风险管理业务，广州农商银行推行风险官派驻制度，保障风险管理的垂直独立性。"总行设立首席风险官，将总行直管的风险经理直接派驻到分行或支行，从事风险管理。通过这种制度，实行风险的垂直管理。"风险管理部总经理介绍说。

2013年3月，广州农商银行建成授信业务作业分中心，优化了信用风险管理垂直性。授信作业分中心是在各中心支行风险管理部原班人员基础上，根据工作功能以及业务效率需要，以13个作业组形式落地运行，各作业组主要功能为平行作业、放款审核、贷后管理、押品管理、综合管理。分中心通过调整放款管理办法及操作规程，以把握实质性风险为核心，大幅简化放款审核资料，有效提升效率，发挥整体力量与效能。

风险管理与管理效率，很多时候都是硬币的两面，为兼顾风险管理与放款效率，广州农商银行也有创新。2013 年，针对零售授信业务金额小、笔数多、风险低的特点，该行正式启动零售评分卡系统建设。这一系统通过归纳提练审贷风险要素，构建简约有效的风险识别和计量体系，用于自动（或辅助）审贷，提升审批效率。

"9 月初确定开发公司。经过近 2 个月的努力，项目完成了第一阶段数据准备及数据质量分析工作，其中包括原始数据的理解、初步数据挖掘、数据逻辑检测和月度分析数据四个步骤。2014 年完成数据准备及数据质量分析工作，并正式上线实施。"风险管理部总经理介绍说。

2015 年，在宏观经济下行、银行业风控形势严峻的背景下，广州农商银行适时推出"阳光信贷工程"，着力构建"阳光透明、务实创新、与时俱进"的阳光信贷风险管理体系，为行业增加了一抹亮色。

为切实推进落实阳光信贷工程，在信贷流程方面，广州农商银行通过向社会公开阳光信贷行为规范，及时通知申请人审批结果，使信贷流程公开透明，从源头遏制道德风险。在规章制度建设方面，通过落实审批人年审制度、量化考核制度、客户约见制度等一系列措施，规范业务办理流程，有效防范授信操作风险。在审批文化建设方面，通过论坛、讲座等形式开展一系列审批文化与审批理念的交流与培训活动，构建务实创新、与时俱进的审批文化。在考核问责方面，通过梳理完善不良问责制度，转变问责观念，努力践行科学、客观的授信风险责任追究制度，培养科学、公正、务实的问责文化。

迄今，广州农商银行已经完成了全面风险管理体系、垂直风险管理体系、全方位贷后管理体系及细分市场授信政策、个贷影像系统的建设，包括信贷调查、授信业务审查审批、资产保全等在内的相关业务都实现了集中、垂直化的独立管理。

"银行因为承担风险而生存和繁荣，而承担风险正是银行最重要的经济职能，是银行存在的原因。"美联储副主席罗杰·富古森曾这样说。商业银行金融活动的核心就是在承担风险的情况下获取利润，因此，风险管理也就成为一家银行的核心竞争力。随着我国金融市场的发展，各种金融衍生品开始充斥整个金融市场，并发展成为不可或缺的金融工具。

"金融产品的多样化使得银行的风险管理变得更加重要。"广州农商银行行长易雪飞经常这样告诫部下，"稳健经营是银行业必须遵循的基本原则，任何转型创新不能违背稳健经营原则，任何工作都必须考虑合规与风险因素，都必须坚守基本风控底线，都必须建立和遵循基本风控制度、流程和权限安排，都必须置于全覆盖动态实时监控范围内。银行经营管理水平本质上就是风险管理水平，要让风险管理成为业务发展的翅膀"。

"如果想在金融服务领域有所作为，首要的就是要把握好风险管理和信贷质量，这是其他一切成功的基石。"王继康这样说。这家银行在实践中也一直贯彻着这一点。

第三节　财务管理

作为商业银行所有经营活动的核心内容，财务管理的好坏、水平的高低是衡量商业银行管理水平的重要标志。随着我国金融环境的变化，商业银行加快推动经营转型已是大势所趋。"行业转型，财务先行"。作为商业银行公司治理的重要组成部分，财务管理面临更多压力和挑战，转型发展任重道远。

一

作为一家转型而生的商业银行，广州农商银行在过去不断发展的几年中，伴随着金融体制改革的不断深化和推进，在财务管理上经历了一系列重大、深入的改革，积极推动财务管理转型，艰难起步，浴火重生，逐步建立了规范化的财务管理体制，改革如火如荼。

回忆起十年前原广州农信社的财务管理状况，财务部的老员工都感慨万千。十年间，广州农商银行的财务管理发生了脱胎换骨的变化。"以前我们的财务管理是比较粗放的，财务部门对财务管理的力度较弱，财务管理水平也较低，基本停留在账务处理是否合规合法、注重成本管理、应付各种检查等比较浅层的基础上。"财务部的一位老员工回忆说。

囿于根深蒂固的传统财务工作的理念，这一时期的广州农商银行财务管理形式单一、范围狭窄，局限于简单的提供财务会计数据，财务工作基本上还停留在记账、报账、财务检查的财务会计阶段。更重要的是，因为历史原因，这一时期的广州农商银行实行市联社和区县联社共同负责的二级财务管理体制，市联社和区县联社进行"分级核算"。这种二级财务管理体制实质上形成了不同层面的财务主体，导致财务管理权力分散，管理混乱，不能形成全行集中统一的财务管理组织体系。

广州农商银行管理层意识到，要向一流金融机构迈进，这种多级的财务管理体制必须改变。2009年初，广州农商银行启动财务管理体制改革，通过构建"一会一部七归口"的财务管理组织管理体系，将财务管理权集中到市联社，原多级财务管理体制转变为一级管理体制。通过财务管理体制的改革，原有的核算主体分散、监控管理不到位的问题得到有效解决，实现了财务管理的

"集中、集约、集权"，统一全辖财务制度、集中管理财务资源、集中管理财务开支、集中财务核算。

通过财务管理体制的变革，广州农商银行的财务管理面貌焕然一新。首先是实现了财务核算业务的统一处理，由总行统一财务制度，规范使用财务科目与账号，建立起涵盖财务核算业务的全部流程。其次，以制度建设和流程控制为保障，财务核算效率得到提升，财务信息质量与监测水平也大幅提高，健全了财务控制机制，提升了财务控制能力，财务集中成为商业银行内控管理的重要组成部分。

广州农商银行转型再生的十年，也是我国金融市场深刻变革的十年。随着金融改革的不断推进，金融脱媒进一步加剧，利率市场化深入推进，加之宏观经济进入"三期叠加"阶段，我国各商业银行纷纷开始转型。在转型的过程中，国内很多商业银行的财务管理实现了从财务会计到管理会计的转变，即财务部门不再局限于简单的提供财务会计数据，而是利用会计信息进行财务分析、财务预测、财务决策，并对经营活动进行控制、分析及业绩评价，从而最大限度地提高银行盈利能力。

然而，新生的广州农商银行，由于管理体制的惯性作用，在财务管理中"重计算轻管理"，财务管理以会计核算为主，忽视决策支持服务的重要性；注重业务指标的完成，忽视内部管理的核算；注重资产数量的增长情况而忽视资产质量的管理；重视存款规模的增长，忽视财务风险的管控。"这时我们的财务管理还是没有脱离'大出纳'的范畴，财务管理仍然不够精细，停留于简单的对比和分析，费用管理的力度也比较薄弱。"广州农商银行财务部负责人回忆。

在新的金融竞争中，如何"跳出财务论财务"，从管理、决策和战略的高度来构建符合自身实际的财务管理体系，成为亟待解决的问题。广州农商银行急需一场财务管理理念的深刻变革。

二

"工欲善其事，必先利其器"。现代财务管理需要借助大量的基础数据来进行财务分析、决策以及对经营活动进行分析、评价，对产品进行盈亏分析及前景预测等，信息量要求非常大，传统的财务会计资料已不能满足现代商业银行财务管理的要求。如果没有会计核算的电算化和网络化，要想在一个企业中有效推行现代财务管理制度是不可想象的。

因此，自完成统一法人改制的十年间，广州农商银行大力推进信息系统建设，夯实信息基础，加强数据管理，经过十年的摸索和建设，已初见成效。

2009年广州农商银行财务管理系统上线，建立了财务管理标准流程，实现了集中核算、网上报账。此后，逐步完成管理会计系统、资产负债管理系统、贷款定价系统、财务管理系统、监管报送系统一系列信息系统的研发和上线。通过管理工具的不断完善，广州农商银行已建立信息资源管理的中心和枢纽，集数据集散中心、报表处理中心和决策辅助支持中心为一体，通过集中、整合、处理与管理全行信息资源，理顺信息采集渠道，简化信息报送流程，释放人力资源占用，提高了数据质量和管理效益，实现了信息数据管理与信息服务大集中。

高效的信息化管理系统是实现高效的财务管理手段的基础。立足于信息系统建设的成就，广州农商银行的财务管理水平得到跨越式发展，实现了从财务会计到管理会计，从成本控制到全面成本管理的跨越。

传统的成本管理是一种"成本控制"方法。成本控制主要由财务部门负责，采取减少预算、节约开支、控制费用等方法。全面成本管理是对成本进行全方位、全过程、全员化的管理和控制。财务部门对银行的每一个经营管理活动和业务环节都按照集约化经营的要求，进行投入产出分析，根据成本收益比来确定每一项业务、每一个机构、每一个岗位的取舍、进退。

广州农商银行加强了以提升效率和效益为目标的精益管理，2012年启动了以全成本多维度盈利核算为核心的管理会计体系建设。

为保证项目开发的质量、时效以及项目上线后在全行范围内的顺利推广，总行成立了专门的项目组，成员来自计划财务部门、信息技术部门、经营部门以及外部聘请的有关专才，形成业务与财务结合、业务与科技结合的专业知识互补的开发团队。

管理会计没有定式，为形成满足广州农商银行管理和业务特点的管理会计，项目组到平安银行、招商银行、民生银行、广发银行、上海农商银行、重庆农商银行、宁波银行、南京银行、杭州银行等已经完成或正在进行管理会计系统建设的同业进行调研，就管理会计系统的建设背景和理念，重要功能点的实现方式进行了交流。通过上述调研，结合全行自身情况，项目组逐步形成了项目建设的总体思路。在产品选择方面，项目组通过全面考察 SAP、Oracle 和国内品牌等系统，结合现有的系统和数据基础，确定以 Oracle 系统作为管理会计项目的落地系统，以保证系统的完整性及灵活性。

历经约一年的开发，项目组陆续完成了包括内部资金转移定价模块、费用分摊模块以及经济资本成本模块的测试，2013 年，管理会计系统整体上线。

管理会计系统是在成本核算基础上提供各种业务、财务、产品和客户的决策信息系统，通过打通业务和财务的任督二脉，建立以全成本盈利核算为核心的多维度价值创造核算系统。该系统可生成各种机构、条线、产品、客户、客户经理和渠道的盈利、成本和业务等管理报表，以支持各级管理人员和经营人员对内部管理和外部营销的分析与决策，优化资源配置。

2013 年，广州农商银行将管理会计系统应用于全行战略管理、业绩评价、财务评价和产品定价等工作，并根据新的管理需求对系统进行持续优化。通过系统在全行范围内推广，在全行倡导"价值创造"理念，建立了以利润为中心、以平衡记分卡为工具的业绩评价体系，有力地支持了全行条线化和事业部制改革等战略实施和落地。基于管理会计系统建立产品、渠道、项目的投入产出分析体系，以及产品定价支持体系。

管理会计系统的应用，通过统一的收益及成本核算口径，结合市场化的资金成本，全成本核算体系，将全行所有业务放在同一平台上进行比较，提供多维度盈利和投入产出信息数据，为管理层进行业务发展决策提供有力的数据支持，增强决策的科学性。该系统的上线，也支持了全行条线化及事业部制改革，推动了全行产品结构及资源配置的优化。在系统应用的首年，即 2013 年，全行实现营业收入 1201030 万元，较 2012 年增加 187609 万元，同比增长 18.5％；利润总额 650100 万元，较 2012 年增加 113001 万元，同比增长 21％；净资产收益率 19.09％，比 2012 年增加 1.25％；总资产报酬率 1.36％，比 2012 年增加 0.04％，实现了业务规模和经营效益的同步快速增长。

如今，广州农商银行的财务管理深度介入业务经营和管理，对产品成本、部门管理成本和客户成本进行全面而细致的核算，对银行的每项业务、每项产品、每个机构进行全面而细致的成本核算，并通过量化核算决定各项金融产品的扩大或收缩，控制业务开展的规模和进度。

"现在我们的财务管理会强调管理的一面，不仅对每一个产品、每一笔业务都要进行风险、成本和收益的量化核算，而且还会对银行整体的财务数据进行综合分析，为银行决策提供依据。总行还可以通过调整个别产品的 FTP 价格，鼓励或者限制某种业务发展，进而调整资产负债结构。"广州农商银行财务总监李杰强这样说。

"没有完善的财务管理，便不会有完善的银行治理"。在激烈的市场竞争中，财务管理水平的高低关系着每家商业银行的生存与发展。以银行转型发展为契机，广州农商银行不断推进财务管理改革，并在竞争中脱颖而出，打造闪亮的农商银行品牌。

第四节　绩效管理

中国银行机构仅凭一张牌照就舒舒服服过日子的时代已一去不返。随着中国金融体制改革向纵深发展，银行业的市场竞争日趋激烈，如何在激烈的市场竞争中立于不败之地，是每一家商业银行都在认真思索的问题。

新经济常态下，作为银行经营"指挥棒"的绩效管理，在经营实践中已引起了商业银行各级管理者的高度重视。特别是在监管和竞争日益趋紧的今天，金融企业面临的不仅仅是简单的业务技能和管理水平的提升，而是要借助先进的绩效管理体系和工具来进行竞争力的全面提升。

如何通过全面绩效管理来提升金融企业竞争力？广州农商银行通过自身的实践为中小银行作出了示范。

一

作为一种现代管理方法，绩效管理是企业的"指挥棒"，业绩增长的"发动机"。随着银行业竞争的加剧，广州农商银行等中小银行开始面对多重压力和挑战，经济下行、利差收窄等，种种压力之下，管理层意识到，必须通过绩效改革，彻底改变大锅饭的利益分配格局，激发企业潜能。

从 2009 年开始，广州农商银行开始了绩效管理的改革。回顾绩效管理改革历程，顺应由追逐规模的粗放式经营模式转变为重视质量效益的集约型模式，其绩效管理总体上也呈现出从过去的以利润最大化为核心的盈利能力考核，逐步转变为以价值管理为核心的综合效益考核。

2009 年，新一轮金融改革蓄势待发，利率市场化、存款保险制度都正在孕育之中，广州市场的金融竞争日趋白热化。然而，广州农商银行这家老牌的金融机构在分配机制上仍沿用以往的"大锅饭",员工潜能没有得到激发。为彻底改变这种面貌,增强企业活力,广州农商银行启动了第一轮绩效管理改革。

"对于银行机构来说,价值的最终体现就是业务发展。而办理每一笔业务、营销每一个客户,都要靠员工去努力,所以人是最关键的。如果不实施全面绩效管理,仍然是'平均主义''大锅饭',员工就会丧失工作积极性,业务发展就难以为继,最终难以在市场竞争中生存和立足。"广州农商银行副行长彭志军回忆。

对于绩效改革,有人形象地将之比喻为"地雷阵",因为绩效改革的背后,是利益的重新调整,既牵涉面广,又事关全局。因此,广州农商银行的绩效改革几乎遇到步步惊心的各种问题。

首先的难题是决策难。这一难题是绩效改革最大的难题,它考验着管理层的决心和勇气,敢不敢打破利益格局,顶住各种压力,坚持改革不动摇。在这一难题中,广州农商银行管理层显示出了改革的魄力,他们意识到,一定要打破分配体制上的大锅饭,考核不是万能的,但不考核万万不能。要在企业内推动其他改革,绩效改革势在必行。

对于启动绩效改革的过程,王继康回忆,对员工利益进行重新分配,肯定有阻力,但是在改革启动后,管理层没有回避矛盾,而是敢于面对阻力,坚持改革。他说,对于怨气大的员工,他会主动进行沟通,人都是讲理的,员工们一看新的考核方法并不是针对他个人，对企业发展有利，慢慢也就认同了。

绩效改革还要面对推进难和考核难，但是在第一个难题解决之后，在领导层的强力支持下，这两难也就迎刃而解了。对于执行推进和考核，广州农商银行采取的办法是，对机构和员工建立了较为完善的 KPI 考核体系。将各项经营指标和工作任务进行量化，并层层分解，逐级落实到各支行、部门及全体员工，绩效管理部门定期对绩效完成情况进行考评，并将考核结果与薪酬福利、职务升降、员工等级等奖惩措施挂钩，促使各级部门积极开拓市场，发展业务，提升银行的竞争能力和盈利能力。

值得注意的是，在第一轮绩效管理改革中，广州农商银行偏重经营业绩的考核。在改革初期，这一改革思路当然是有力地推动了银行的业务发展，但也为后来银行的前行埋下了一些隐患。

"我们这一时期的绩效考核偏重于对经营业绩的考核，在 KPI 指标和权重的设置上，强调推动全行整体经营业绩的实现，财务考核指标所占比重较大。"彭志军这样介绍。比如对客户经理的绩效考核，在这一时期就倡导以业绩论英雄的理念，全面实施业绩计价和产品买单，推动客户经理个人考核与实际营销业绩直接挂钩，从理念和机制上保障和实现全员营销。

新的绩效管理给银行带来活力，以业绩论英雄的绩效考核方法也极大地激发了员工的积极性，广州农商银行在市场开拓中高歌猛进。然而，这种偏重于财务指标的绩效考核体系在运行中也逐渐显现出其弊端。

在一次银行内部会议上，一位支行行长的"炮轰"，引起了绩效管理部的深深思索。

尽管完成了各项目标任务，但是这位行长的绩效考评得分却并不高。会上，该支行行长向绩效考核方法"猛烈开炮"。他表示，通过 KPI 考核，完成好任务就能够多拿薪酬，起到了很好的激励作用，有力地促进了业务发展，但是在考核方法上，却不尽科学合理。在实际运行中，绩效考核结果与下达的经营任务的完成情况直接挂钩，却一定程度背离了实际业绩贡献。尽管该支行当年度很多项经营指标都居前列，但是因为年初下达的经营任务较重，该支行的绩效考评得分却靠后。另外，他还指出，绩效考核指标中短期收益类指标占据较大比重，而且指标体系庞杂，导致被考核者主次不分，一些支撑银行长期发展的可持续性指标得不到足够重视。这种片面的考核方法很不科学，容易打消基层的积极性。

这位支行行长的"抱怨"推动了绩效管理部思考如何把绩效管理工作做得更科学合理。管理就是在不断地修复短板的过程中前进的。

二

这位支行行长所面临的问题并不是孤例，而是反映了原来的绩效考核方案存在的普遍性弊端：过度痴迷于定量考核，侧重业务量、发展数据等"硬指标"，而忽视定性考核，对发展质量、工作效率等"软指标"较少考虑。没有做到定量与定性的有机统一，考核方法不科学，对员工的绩效评价不够全面、准确。

而且，片面强调财务性数据的绩效考核方案还会导致经营人员滋生急功近利思想和短期行为，绩效考核的压力有可能会让经营机构和业务人员为完成考核指标而出现重业务拓展、重利润增长而轻服务质量、轻内部管理的情况，不利于银行长期发展和价值提升。

更重要的是，随着经营环境的变化，广州农商银行经营模式面临转型，原有的扩张规模的发展模式不能持续，必须走集约化的道路，客户服务的理念被提到战略的高度。然而，原有的绩效考核方法却与新的发展理念存在一个明显的不相衔接的问题。在银行发展战略上，广州农商银行强调以客户为中心，强调服务客户，但是绩效考核却是以利润为中心，业绩为王。面对两个不同的"指挥棒"，业务人员该何去何从？

为更好地发挥绩效管理的"指挥棒"作用，促成业务转型，一场新的绩效管理改革呼之欲出。2013 年，广州农商银行聘请世界顶级的管理咨询公司德勤公司，成立了绩效管理优化工作项目组，着手组织开展全行绩效管理系统优化工作。以全面绩效管理改革为切入点，以"三边清晰"（组织边界清晰、经济边界清晰和绩效边界清晰）为基本理念，广州农商银行启动新一轮绩效管理改革。

"要以完善考核分配作为绩效管理的抓手，更加清晰准确地界定各级单位、各类岗位、各级员工的工作职责和考核办法。要不断提高绩效考核分配的时效性、公平性。全行范围内，要加强考核分配的统一管理，要建立各部门和各经营单位基本一致的考核指标、考核频度。"易雪飞对绩效管理予以厚望。

结合集约化转型的要求，广州农商银行新一轮绩效改革对管理体系进行了优化。针对原有绩效考核指标比重分配不合理、过于偏重财务指标的弊端，广州农商银行根据自身发展规划，构建了多维化的绩效评价指标体系，借鉴平衡计分卡理论，从财务、客户服务、内部运营和学习发展四个维度分别设置不同的考核指标及权重。根据前台部门和中后台部门工作性质的区别，在四个维度采取不同的策略导向。通过多维化绩效体系的建立，将银行短期、长期发展目标进行有机的整合。

借助多维绩效体系的建立，广州农商银行实施全流程绩效管理，健全了绩效管理过程。考核只是绩效管理的一个重要环节，一个完整的绩效管理过程除考核外，还包括绩效计划、绩效指导与反馈等方面。广州农商银行采取上下级共同制定的方式确定绩效计划，根据部门不同工作性质，由考核者与被考核者共同签订年度绩效合同，记录和衡量被考核者在考核期间内需完成的工作目标以及实际完成情况，并以绩效合同为基础设计绩效考核方式。根据考核周期，绩效管理部门及时向被考核人反馈绩效考核情况，绩效考核方式遵循"绩效压力从上往下层层传递，责任从下往上层层承担"的原则。

在新一轮绩效改革中，为提高绩效管理效能，广州农商银行大力推进绩效考核系统化。通过绩效管理系统平台建设，集成各业务系统绩效考核数据，实现战略地图管控、绩效合同管理、绩效结果实时反映、绩效工资计算等核心功能，提升绩效监控和预警管理水平以及绩效管理的及时性，确保全员绩效考核规范化、公开化。同时，建立与绩效考核相适应的薪酬体系和岗位专业序列管理体系，努力营造健康向上的绩效文化。

绩效管理作为银行改革的钥匙，无论是提升金融服务能力还是风险管理能力，均是不可替代的核心资源。对区域性中小金融机构而言，面对激烈的竞争环境和严峻的挑战，迫切需要把绩效管理建设摆上突出位置，以绩效管理改革创新推动经营机制创新和管理升级。广州农商银行的绩效管理改革实践，不断激发着这家银行的主动性与创造性，为其发展转型提供了强大动力。

第三篇　变与不变

——新常态下的创新之道

经济新常态，利率市场化，互联网金融的发展使中小银行面临前所未有的机遇和挑战，广州农商银行如何面向未来？

第十章　拥抱互联网

2015年新年伊始，国务院总理李克强在深圳前海微众银行敲下了电脑回车键；电脑的另一边，卡车司机徐军拿到了他在网上申请的3.5万元贷款。随着总理的这一个动作，国内首家开业的互联网银行完成了它的第一笔放贷业务，此举被总理称为"微众银行一小步，金融改革一大步"。微众银行的开门营业，是中国银行业的一个标志，它既标志着我国金融改革的逐步深入，也标志着我国互联网金融的异军突起。

如今，互联网金融正在改变着人们的生活和消费习惯，支付宝、微信支付等互联网支付工具在人们的生活中扮演着越来越重要的作用；互联网金融形成的新金融模式也在颠覆着银行的传统服务模式，挑战着银行的金融媒介功能；互联网金融给传统银行业带来不小的冲击，也将商业银行推向变革的十字路口。

在这场银行业的生态变革中，广州农商银行加速布局互联网金融，致力于互联网金融创新，推动金融业务与互联网的整合。

作为一家中小商业银行，广州农商银行的互联网金融之路极具代表性。2015 年 12 月，中国金融认证中心举办"2015 中国电子银行年会暨中国电子银行年度金榜颁奖盛典"，将"区域性商业银行最佳手机银行奖"授予广州农商银行，以表彰其在互联网金融上的创新与努力。

第一节 "蚂蚁"战胜"大象"？

2013 年，中国平安的董事长马明哲在新年致辞中说："平安未来最大的竞争对手不是四大国有银行，不是浦发、民生等股份制银行，也不是其他传统金融企业，而是阿里巴巴、腾讯等创新能力强大的互联网科技企业。"银行业开始感受到互联网金融的压力。

马明哲的新年致辞仿佛是一个预言。就在这一年 6 月，阿里巴巴与天弘基金合作，正式推出"余额宝"，开始切分商业银行存款的"蛋糕"。依托支付宝的庞大用户群，余额宝在线上出售货币基金产品，无购买门槛，用户可随时取现，并可在支付宝和余额宝之间自由切换。因为方便、快捷以及互联网基因，余额宝推向市场后，迅速打开局面。根据天弘基金官方数据，从上线到 6 月底的十几天时间里，余额宝累计申购金额超过 60 亿；截至 2014 年 2 月，余额宝用户规模和客户数分别突破 4000 亿元和超过 6100

万户。天弘基金也从一家默默无闻的基金公司一举成为全国最大的基金公司。互联网金融显示出它们巨大的变革力量。

过去的十多年，中国迎来了一轮互联网浪潮，并从 PC 端逐渐发展到移动端。互联网在改变中国人生活方式的同时，也带来了一轮新的技术革命。在这股互联网浪潮中，很多传统行业被重新洗牌：磁带、胶片、唱片陆续消亡；传统零售百货面临巨大冲击；新闻客户端取代报纸成为人们获取新闻资讯的主要方式等。同样，传统商业银行也不可避免地需要面对来自互联网金融的挑战。

首先面临挑战的是银行传统的支付业务。随着互联网的兴起，第三方支付已经抢走了支付业务的"半壁江山"。2004 年，阿里巴巴正式推出第三方支付工具支付宝，染指银行的支付业务。依托淘宝和天猫衍生的网络生态链和海量交易数据，支付宝迅速壮大，开始挑战银行在支付活动中的核心地位。至 2012 年，阿里巴巴旗下淘宝和天猫交易额突破 10000 亿元，几乎与银行支付规模持平。此后，微信支付也加入战团，抢占支付市场，并凭借微信庞大的用户群，迅速发展壮大。如今，以支付宝、微信支付为代表的第三方支付，已经与银行支付分庭抗礼，并俨然有后来居上之势。

银行传统的信贷业务也面临着互联网金融的冲击。2012 年，"阿里小贷"开始在江浙沪试点，并以燎原之势推广到全国。腾讯、京东、苏宁、华为等互联网企业也纷纷试水金融业务，推出各种小额信贷和金融服务，花呗、京东白条等互联网金融产品开始走进千家万户。互联网金融领域开始了新一轮的跑马圈地。这一互联网金融创新模式直接动了银行的"奶酪"，是对银行基础资金媒介地位的挑战，随着交易规模的扩大，对银行盈利的影响将更加明显。

更重要的是，互联网金融对银行传统的经营模式和盈利模式进行了颠覆。互联网金融并不是简单的技术和渠道的革新，而是颠覆商业银行传统经营模式的一种全新的金融业态。2013 年，在中国互联网金融论坛上，交通银行董事长牛锡明说道："我已经深切感受到互联网金融的发展会彻底颠覆传统商业银行的经营模式、盈利模式和生存模式。甚至在不远的将来，广为密布的银行营业网点可能会缩减，营业网点将不再有柜台。"

互联网金融引发的技术脱媒、渠道脱媒、信息脱媒、客户关系脱媒在逐步削弱着银行传统金融中介功能，挤压银行的生存空间。商业银行发现，几乎是一夜之间，银行已经不再是客户办理"存、贷、汇"业务的唯一渠道。互联网巨头纷纷涉足金融领域，P2P、O2O、第三方支付、"余额宝"等新兴金融业态不断涌现，加速抢夺商业银行的"奶酪"。许多互联网公司借助其广阔的交易平台和庞大的交易数据进入小微企业和个人贷款领域，并凭借现代技术手段、灵活的商业模式、更低廉的成本、更便捷的服务，挑战着银行的核心地位。

随着互联网金融搅动一池春水，银行业原有的行业格局和市场平衡被打破。尽管相对于商业银行，如今的互联网金融企业体量还很小，占有的市场份额也微不足道，在商业银行这头"大象"面前，他们只是一只只很小的"蚂蚁"，但是凭借其创新意识和技术优势，以及全新的商业模式，"蚂蚁"已让"大象"感到不安。

"一面是海水，一面是火焰"。互联网金融在挑战商业银行传统地位的同时，也给银行业带来了新的发展机遇。互联网金融就如同一把双刃剑，一面颠覆着银行传统的商业模式和经营模式，挤压着银行的空间；而在另一面，则是新的技术、新的观念、新的模式，依托互联网技术，传统银行业有可能开创新的发展里程碑。

互联网金融的到来，丰富了银行的渠道，使得银行办理业务的方式不再局限于营业网点，而是提供了全新的高速信息通道，能让银行开展业务突破地域的限制。此外，互联网金融能让银行依托互联网技术，开发出更多的业务品种，通过互联网向客户提供为其量身打造的多种多样的个性化金融产品，开辟出全新的网上业务领域。更重要的是，互联网金融能让商业银行找到新的利润增长点。随着利率市场化进程的加速，银行利差收入逐步收窄，传统的存贷利差模式难以为继，而网络金融以其轻资本特性可以成为银行新的发力点。

互联网金融的背景下，中小银行何去何从？是顺应网络时代的潮流，应对互联网金融的挑战？还是恪守传统，以不变应万变？
如果顺应潮流，积极变革，对传统模式进行互联网化、智能化式
改造，就需要大量的资金投入。而与大中型商业银行相比，中小
银行资金实力不具有优势，正遭遇转型瓶颈。但如果无所作为，
恪守传统，就可能失去未来发展的机会，也会在激烈的市场竞争
中败下阵来，被市场所淘汰。

"如果银行不能有效地留住自己的客户，那互联网企业绝对不
会手下留情。"一位金融界人士曾这样描述银行业面对的挑战。面
对互联网金融的挑战，商业银行必须做出自己的选择。

美国微软公司总裁比尔·盖茨在 20 多年前曾说："如果传统
商业银行不对电子化做出迅速反应，它将成为 21 世纪灭绝的恐
龙。"这是一个预言，也是商业银行不得不面对的一个残酷事实。
随着互联网金融的不断发展，各种金融创新业务纷至沓来，飞速
生长，倒逼银行必须做出改革。面对互联网金融"野蛮生长"的
"搅局"，商业银行只有迎难而上，"与狼共舞"，投身互联网金融
的洪流，才能应对这场挑战。

第二节　"大象"也能跳舞

面对新的金融业态，广州农商银行管理层意识到，要想在新
的金融之战中立于不败之地，就必须勇敢地拥抱互联网，加速互

联网金融的布局，抢占市场制高点。"面对互联网金融，我们感受到了前所未有的压力。新兴的互联网金融对我们传统的经营模式、盈利模式等构成了全方位的挑战，也倒逼我们进行改革，促使我们发力互联网金融以顺应网络时代的发展。"王继康回忆说。

在传统银行业与互联网的融合之路上，广州农商银行"跑步前进"，开始试水互联网金融。2010年，该行提出转型发展战略，积极优化和调整业务结构，提高中间业务和新兴业务比重；坚持产品和服务创新战略，借助新兴信息技术和金融工具，为客户提供个性化、多元化、全天候的金融服务；坚持产品和服务创新、物理网点和电子渠道共享、增值服务延伸，加快线上与线下融合。在广州农商银行，一场拥抱互联网的"升级"之战整装待发。

对于互联网金融，如今的广州农商银行感受到的并不是竞争带来的危机，而是互联网带来的机遇与前景。"金融业务一直都是靠技术进步推动发展的，依托于互联网带来的新技术，近些年我行业务也实现了跨越式的发展。"王继康这样说。

中国银行的发展历程在业界有一个形象的比喻：开始是"水泥银行"，主要靠街头固定的网点提供服务；随着个人电脑的普及，"鼠标银行"成为服务的主渠道；到使用手机就能随时随地上网的今天，银行已经升级为"指尖银行"。指尖的滑动之间，客户就可以完成转账、支付、订票、理财等金融服务。互联网技术的融入，让银行变得更强大、更灵活。互联网与银行的联姻，让

"大象"也能跳舞了。

在"大象"的舞蹈中，广州农商银行也是方阵中的一员。

从 2009 年改制成功开始，广州农商银行就在互联网转型之路上一路"快跑"，加速互联网金融的战略布局，抢占市场制高点；加快线上与线下融合，稳步推进互联网技术与金融业务的深度融合，以互联网金融撬动市场。

广州农商银行的互联网之路大体分为两个阶段：第一阶段是"金融互联网"；第二阶段是"互联网金融"。所谓金融互联网，指的是银行传统业务的互联网化，解决的是银行业务向电子化渠道的迁移，重点解决的是渠道拓展和服务提升；互联网金融则是指依托互联网技术，银行经营模式的升级与创新，是银行业务与互联网的深度融合。

依托新一代核心业务系统的上线，广州农商银行于 2010 年正式推出网上银行，开始了传统银行业务向电子渠道的"搬家"并陆续推出移动银行、直销银行、太阳智付、太阳集市等多项网络金融产品及服务，支持客户通过 PC 电脑、智能手机、平板电脑等终端设备，7×24 小时自由随心办理支付结算、投资理财、转账汇款等业务，与网点柜台、自助终端、VTM 等设备构成全方位的业务办理渠道。

紧扣互联网发展趋势，广州农商银行创新升级，致力于通过最新的网络科技，在移动银行、支付、客服等多个领域，为客户提供更便捷的移动金融服务。为适应移动化、智能化、碎片化、社交化的特点，广州农商银行将手机银行升级为移动银行，新增手机云闪付、无卡取现、摇一摇转账、二维码转账、模块选择性等功能，让移动银行服务实现个性化、便捷化、娱乐化。移动银行针对不同客群特点分别推出个人版、中小企业版、企业版多个版本，以贴近人性的智能设计为客户带来全新体验。除了账户查询、转账、理财等常用移动金融功能与交通缴罚、水电缴费、电影票、在线租车等移动生活服务外，还新增小企业账户管理功能，同时管理个人、公司两种账户，提供财务审批、代发工资、财务报销等对公账户管理功能，提高资金运作效率，让移动金融服务触及更多人群。在2015年的第十一届中国电子银行年会中，广州农商银行移动银行摘得"区域性商业银行最佳手机银行"殊荣。

适应网络时代的客户需求，广州农商银行也潜心为客户提供增值服务。2013年，该行与广州交警独家合作推出"掌上车管家"业务，成为业内率先提供线上注册车管所、交通违法实时确认缴交服务的银行，并连续推出在线车城、驾校报名、e代驾、车险、电子客票等增值服务应用。2013年9月，广州农商银行推出电子银行e账户（2016年升级为"e账通"），支持远程开户，实现依托电子账户向外部互联网平台输出金融服务。2013年12月，在手机银行上推出"至尊宝"基金余额理财。"至尊宝"不但满足了客户的理财需求，稳定了存款，而且在中国电子银行网宝宝类产品收益率方面长期排名前三，引起了同业的广泛关注，其低门槛、资金周转灵活、收益率较高的优势，受到了广大客户青睐。

作为一家脱胎于农村信用社的区域商业银行，广州农商银行没有忘记"服务三农"的使命。在互联网金融的浪潮中，该行积极探索"互联网＋农村金融"服务路径。对于农村地区优质特色产品，通过电子商城提供在线销售和信息发布服务，打通农产品产销渠道，撬动农村市场。结合自身优势，依托现代化技术手段，广州农商银行打造了农产品新鲜直供的特色移动购物平台"太阳集市"，由村镇银行对接本地农户，实现本地农产品直供平台客户的服务模式。推进村社农产品"上网触电"，帮扶农户农企转变传统销售方式，打下农业产业链服务基础。2016 年，广州农商银行推出"农业众筹"服务，首度深入村社农业生产经营环节，突破传统存贷款金融服务形式，促进银行与村社农企农户形成更稳固的合作关系，全新打造农产品产、供、销一体化联营电子商务新模式，创新金融服务机制，深化普惠金融。

如今，无论在乡村还是城市，广州农商银行的客户足不出户就可以享受便捷专业的金融服务；无论何时何地，客户都可以通过互联网完成账户查询、转账汇款、缴费充值、信用卡还款等服务。鼠标移动和指尖滑动之间，微妙地改变着银行与客户之间的关系，也改变着广州农商银行的金融服务模式。借助互联网，该行将银行便利服务的入口渗透到一切可能的角落和终端，变有形网点为手头网点,借助互联网技术随处可见、唾手可得。

互联网也改变着广州农商银行的"基因"。作为金融互联的弄潮儿之一,在拓展电子渠道、延伸渠道触角的同时,自身也在发生着骤变。依托互联网技术,广州农商银行让金融更加自由、自助、开放、互联和便利。"金融互联网"是它在互联网时代背景下推动自身转型的第一步,它催生了这家银行的"变形",也给这家银行的发展注入新的活力。

第三节　当银行遇到"互联网＋"

"互联网＋"正在迅速成为中国人最热衷的一个词汇。无论是街谈巷议,还是经济论坛,"互联网＋"这一新词都频频出现。2015 年 3 月,"互联网＋"出现在两会政府工作报告中,在十二届人大三次会议中,李克强总理正式提出"互联网＋"行动计划,"推动移动互联网、云计算、大数据、物联网等与现代制造业结合,促进电子商务、工业互联网和互联网金融健康发展"。

以互联网为创新驱动发展的"新常态",进一步激发了我国银行业发展互联网金融业务的热情,商业银行利用互联网技术重塑产品和服务体系的步伐迈得更加欢快,银行业与互联网深度融合的路线图也日渐清晰。以"互联网＋"为契机,商业银行新一轮转型升级正风起云涌。

站在"互联网＋"的风口，广州农商银行在"金融互联网化"的基础上，开始稳步推进"互联网金融"。"云计算、大数据与互联网技术正在快速而深刻地改变着银行业的经营模式。国内银行业的分化日益加剧，不少银行借助科技手段改善客户体验，从综合化、专业化、智能化、便利化等方面升级服务模式。对任何一家银行而言，面对金融新业态，唯有与时俱进、改革创新，才是生存发展的有效应对之策。"面对新业态，易雪飞这样说。

在广州农商银行管理层的眼中，第一阶段的"金融互联网"是用互联网改造传统银行的渠道与服务，而第二阶段的"互联网金融"则是升级版本，重点是互联网与银行业务的深度融合。其精髓是以数据为核心、以互联网技术为支撑，在客户营销模式、生产技术模式、运营流程模式和业务发展模式下多维度、多层面实现颠覆性创新，助推传统银行在互联网时代下的转型与升级。

"'互联网＋'几乎已经成为各行各业的创新利器，银行业也不外如是。互联网金融不只是互联网企业的专利，我们也开始投身互联网金融的大潮。"王继康这样说。

以网络化、智能化、服务化、协同化为主线，广州农商银行开始布局"互联网＋"。依托互联网技术，该行致力于打造移动金融服务平台，构建"金融＋消费"的移动生态服务链，先后推出线上支付、太阳集市、线上融资理财等金融服务，一个全新的联网金融生态圈正在逐渐形成。

支付功能一直是银行的传统业务，但随着支付宝的异军突起，线上支付却一度成为银行的软肋。以提高客户体验为目的，广州农商银行围绕在线支付着墨颇多，运用"互联网＋"思维打造支付服务体系，创新推出"太阳智付"统一支付品牌。该支付服务全面支持线上、线下消费场景，用户可在支持银联云闪付的 POS 机通过"刷手机"支付。此外，广州地铁 APM 线检票闸机已支持 Apple Pay 等云闪付服务。"在移动支付上，我们不断优化支付体验，为客户提供更智能的移动支付服务，刷手机就能买单。我们还推出太阳云闪付服务，参与广州地铁移动支付及金融 IC 卡建设，客户可在广州地铁实现刷手机秒过闸，畅享羊城轻出行。"广州农商银行网络金融部负责人介绍。

紧扣互联网金融发展趋势，广州农商银行围绕"线上化、智能化、高效率、低成本"的思路，创新性地推出线上贷款业务，将传统线下授信贷款业务迁移至线上，实现新技术和传统业务的相互融合。

苏小姐是广州农商银行的老客户，她清晰地记得 2015 年的一次贷款经历。那年，她因生意周转急需 30 万资金，得知这家银行推出了"悦享融"线上贷款，于是在其官网"e 站易融"融资平台在线贷款专区点击"我要做生意"进行贷款申请，由于苏小姐之前在该行已办理过个人贷款，且信用记录良好，60 秒后贷款资金便自动发放至苏小姐在广州农商银行的账户。两个月后，苏小姐收到下游的回笼资金，便自助将该笔贷款进行了归还。"快得简直不敢相信！"苏小姐回忆说。

广州农商银行"悦享融"线上融资服务于 2015 年 7 月上线，以互联网为触角，提供 7×24 小时融资服务，使客户足不出户便能完成各项贷款业务办理。"悦享融"利用数据挖掘、借助第三方征信、人行征信等建立授信审批模型，直接进行客户授信，客户通过电子渠道随借随还，极大地满足了客户的授信需求。目前，广州农商银行线上融资平台业务范围已覆盖意向登记、贷款查询、提前还款、贷款资料上传、合同查看、自助提款、合同签订等各项便捷融资服务。

顺应直销银行这一互联网时代新型银行的热潮，2015 年 11 月，广州农商银行推出全新直销银行，建立了纯线上账户管理体系。客户无需亲临柜台即可在线实名开户，并办理互联网理财服务。通过产品模式创新，广州农商银行将理财投资起点降低至 1 元起投，并提供种类丰富、期限灵活的高收益理财产品，客户可通过直销银行合理配置理财投资，实现收益最大化。广州农商银行还积极推进线上融资创新，客户足不出户即可通过直销银行在线开户并申请贷款，最快 5 分钟到账，最高可贷 30 万，贷款金额按日计息，随借随还，真正为客户提供融资便利，解决了客户日常融资需求。利用直销银行的开放性，广州农商银行还拓展与第三方平台的业务嵌套合作，为商圈、高校、城中村等的经营、生活场景，提供代收租金、物管费、水电费及学费等支付结算。

运用"互联网＋"思维，围绕"场景金融"热点，广州农商银行紧抓专业市场管理方式粗放、效率低下，而人力成本高昂的痛点，向目标专业市场主体自有 APP 输出"e 账通"电子账户开户、租金及物业管理费等费用的缴费、投融资等金融服务。这一举措，帮助专业市场客户降低了管理成本、提高了管理效率、提升了商户的用户体验，同时拓宽了获客渠道，带来资金沉淀、增加手续费等收入。2016 年 11 月 1 日，广州农商银行专业市场管理 APP 正式上线并投入使用。广州农商银行输出结算、理财、融资等整套金融服务，开创了"互联网＋商圈＋金融"的专业市场管理模式，这一模式的可复制性，也决定了它的重要性。接下来，该行还将推出智慧社区、村居物管、智慧高校等"互联网＋"金融模式，实现场景金融的多元化。

广州农商银行直销银行以移动设备 APP 等电子渠道为门户，采用人脸识别技术手段，辅以人工在线实时审核客户身份认证模式，突破办理业务需亲临网点的时间、地域限制，实现了线上开户、在线业务咨询辅导、理财产品在线风险评估等兼具便利性和服务性的功能。在充分利用互联网手段的前提下，结合 VTM 和远程客服支持平台成熟条件、线下网点众多等优势，发挥线上线下的互动模式，成为该行引流获客、抵御利率市场化的利器，也让客户更轻松地享受更理想的理财产品和服务。

运用互联网思维和技术，广州农商银行创新业务模式，开始涉足电商领域。2013 年，该行正式推出以贵金属、钱币为主题的网上商城，迈出业务创新的重要一步。传统的网上商城仅仅提供销售业务，消费者购买了商品后，双方的交易也就结束。与传统电商不同，广州农商银行网上商城不是简单意义上的 B2C 商城，而是在商城上渗透了更多金融产品和服务。比如，基于贵金属、钱币商品的特殊性，网上商城不仅提供商品销售平台服务，还针对贵金属商品开展涵盖代保管、回购、定投、积存金、贵金属质押等一系列金融衍生业务。广州农商银行将全辖 630 多个营业网点的资源优势转换为网络优势，利用网点作为配送中转站，实现客户快速、方便和安全地提货。

十年的沉淀与酝酿，广州农商银行已不仅仅满足将银行传统业务互联网化，银行插上互联网翅膀可能催生的金融新业态和新市场令这家金融机构着迷。对于未来，王继康有着更多美好的期许："打造全能智慧银行。通过对大数据、云计算、移动互联网等先进技术的运用，实现对客户资金流、信息流、物流的'三流合一'管理，成为企业的全能财务管家。推进网点服务和集团管理智能化建设，依托数据库与信息系统实现跨渠道、跨地区、跨业务条线的联动协同，打造客户服务的统一视窗，提升客户服务能力和服务效率。"而在他未来的建设蓝图中，运用互联网技术的大零售金融业务平台、大公司业务平台、大金融市场业务平台也已开始勾画。

　　"互联网＋"以无所不在的创新改变着我们的生活，也以锐不可当的力量冲击着很多传统行业。当银行遇到"互联网＋"，银行的"基因"悄然发生着改变，也改变着我们的金融生活。伴随着互联网时代的持续演进，未来的金融蓝图已变得越来越清晰。对于广州农商银行来说，互联网的基因已经播撒，承载着无数广州农商人梦想的互联网银行成长之路值得期待。

第十一章　普惠民生，不忘初心

让我们把时钟拨回到2009年12月11日，这一天，广州农商银行正式挂牌营业，完成了由农村信用社到农村商业银行的"蝶变"，从此开始了它的跨越式发展之路。借助改革的力量，这家原本默默无闻的金融机构迅速崛起，不断开疆拓土，成为遍布广州城乡甚而走向全国的一家商业银行；凭借不懈的坚持和努力，它正在现代商业银行的道路上一路奔跑。

生于斯，长于斯，作为一家出身于草根的金融机构，广州农商银行"变身"不忘初心，一直执念于服务草根经济，"三农"与小微企业的金融服务，见证着它"改制不改姓"的承诺。作为广州当地农村金融主力军的广州农商银行，默默支撑起广州80％以上的三农贷款，演绎着一段服务三农与自身发展共振的华美乐章。

作为天生与农村"零距离"的广州农商银行，在长期的农村金融服务中建立了特有的优势，立足于"回归本源，守正出新，重塑农村金融服务的绝对优势"，该行积极推进普惠金融，探索兼顾公益性与商业性的可持续农村金融服务新路径，构建了复合立体式的农村金融服务模式，交出了一份令人满意的践行普惠金融答卷。

第一节 普惠金融，应运而生

在今天的中国，"普惠金融"已然成了热词。2015 年 3 月，在十八届三中全会的《政府工作报告》中，李克强总理提出，要大力发展普惠金融，让所有市场主体都能分享金融服务的雨露甘霖。一年之后，2016 年 3 月，同样的场合，李克强总理再次明确表示要"大力发展普惠金融"。不难看出，普惠金融已经是国家意志的一部分，而"大力发展"则充分表达了这一意志的强度。

"普惠金融"这一概念是由联合国在 2005 年提出，是指以可负担的成本为有金融服务需求的社会各阶层和群体提供适当、有效的金融服务，小微企业、农民、城镇低收入人群等弱势群体是其重点服务对象。普惠金融强调的是"普惠性"，也就是机会平等，针对的是传统金融机构难以惠及到的人群。这类"弱势"群体主要分为两类：一是财务状况较差的群体，二是居住地区较偏远的群体。

对财务状况较差的群体而言，不是金融机构不愿意从他们身上"挣钱"，而是因其风险承担能力和信用还款能力较低，金融机构从其身上获利时要面临更高的成本和坏账风险。对财务状况差的群体投资次数多了，传统金融机构会得不偿失，所以很少有金融机构愿意为这类人群提供贷款服务。对居住地区偏远的群体而言，由于地理条件的限制，很多金融机构在偏远地区设立网点的人力物力成本要高于从偏远地区人群身上获取的利润。金融机构不是慈善机构，从经济角度考虑，往往放弃在偏远地区的金融覆盖。

2015 年，国务院下发《推进普惠金融发展规划（2016—2020年）》，文件的重点在于提高农村地区金融服务覆盖率，提高小微企业和农户贷款的覆盖率，为农村和小微企业提供更广泛的综合化的金融服务。因为商业利益的考虑，传统金融服务"嫌贫爱富"，偏远地区以及弱势群体难以得到金融服务，普惠金融的目的就是凿穿传统金融等级森严的"天花板"。

普惠金融的行动早已经开始。回望过去十年的中国，包括广州农商银行在内的众多金融机构已在乡村金融、小微贷款等领域进行了一系列尝试，并开辟出一片金融领域的新"蓝海"。各大银行机构均在紧锣密鼓地布局农村金融市场，通过建立农村金融服务站和社区银行，创新设计三农金融产品与服务等方式涉足市场。新型互联网金融机构也对农村市场表现出极大热情，通过铺设农村电商网点、打造农村金融云平台、推出线上农村金融产品等方式实现"金融下乡"。普惠金融，因应着时代的呼声，迎着政策的阳光、雨露，正在茁壮成长。

在广东，普惠金融的号角也已经吹响。2015年3月，广东省政府下发《关于深化农村金融改革，建设普惠金融体系的意见》，大力推进农村金融产品和服务创新，农村是普惠金融的重点所在。

具体到广州，普惠金融的内容有所不同。新形势下，广州地区"三农"领域已发生深刻变化。昔日良田变身高楼大厦，昔日乡村变身大都市中的城中村。随着广州城乡一体化的发展，广州市农村金融服务需求也不断出现新的变化。一方面，随着农业经营和农村经济发展方式的转变，农业生产的组织化程度越来越高，从事农产品加工、运输、购销的各种中小企业、个人、经纪组织等大量涌现。农村资金需求主体已不再局限于传统意义上的农民和农业，信贷资金需求结构和期限也趋向多样化。另一方面，随着广州地区城乡一体化的推进，许多农村逐渐变成了城市，大量的农民洗脚上田，变成了都市市民。他们对金融服务的需求早已不局限在简单的现金存取和支付，而是有了更高的要求。

农业现代化、新型城镇化都提出了新的金融需求，如何在"强农、富农、惠农"的道路上做出新的探索？如何为"三农"提供可得、便捷、优质的金融服务？如何在普惠金融和商业可持续发展之间寻求新的平衡？这些问题考验着广州农商银行服务"三农"的能力与实力。

作为一家从农村信用社变身而来的商业银行，广州农商银行一直坚持立足"三农"、服务"三农"的宗旨，为促进农民增收、农业发展、农村社会稳定和城乡经济建设做出了重要贡献，是当之无愧的农村金融主力军，也是村民至为信赖的金融服务机构。面对新的农村金融形势，广州农商银行及时调整思路和策略。他们敏锐地意识到，在互联网时代，农村金融服务 1.0 旧服务模式（田连阡陌的现金存取，算盘计算，手工记账的时代）和传统 2.0 服务模式（简单的存贷汇业务，粗放型、经验型营销方式等等）已经随着记忆远去，服务全面升级迫在眉睫。"农村地区还存在很多农村金融服务的空白点，农村生产生活方式的转变也激发了多元化、多层次的金融服务需求，村社与村民的综合金融服务大有可为。我行要在战略上高度重视农村金融服务工作。"在 2015 年的一次经营工作会议上，王继康发出这样的声音。

因应农村经济的新常态、新业态，广州农商银行找准经营特色、市场定位与发展路径，全力推进农村普惠金融服务建设，积极探索金融支农新模式。经过精心筹备，广州农商银行于 2015 年 10 月正式推出"农村金融服务 3.0"模式，"千村圆梦·助力村社"行动正式拉开序幕。

虽然我国一直重视"三农"金融服务，但因为成本收益比的因素，相比城市，农村地区的金融服务覆盖率还是偏低，金融服务的水平也不高。因此，对于广州市的农村地区来说，普惠金融的重点之一就在于提高金融的覆盖率。基于此，广州农商银行的千村圆梦行动首先致力于推进银行服务再造，探索构建复合立体式的农村金融服务网络，推动普惠金融走进千村万户。

罗浮山脉蜿蜒起伏，如同一幅美丽的油画。罗浮山脉东南面是广州市增城区正果镇，距离增城城区16公里。以前，正果镇的居民要去银行办点事，最近的村到增城城区的银行也有将近十公里。如今，正果镇的村民不必再翻山越岭去增城城区办理业务，来回折腾，在正果镇金融服务站的ATM机上，一些基本的银行服务都能在镇上完成。"广州农商银行为我们老百姓办了一件好事，我们现在再也不担心取钱的问题了。"正果镇的一位村民这样说。

为落实农村普惠金融服务，打通"最后一公里"，广州农商银行积极推动农村金融服务站建设，全力搭建普惠金融服务"直通车"，致力于让金融服务"普之城乡，惠及于民"。正果镇金融服务站就是此次"农村金融服务"的成果之一。"第一个关键点是打通最后一公里。2015年，广州市政府协调指导各区推进农村金融示范镇村建设，鼓励金融机构在全市有条件的行政村设立农村金融服务站。我行积极响应政府政策，加快推动农村金融服务站建设，打通农村金融服务'最后一公里'。计划三年内建设100家农村金融服务站、80家社区银行（或社区金融服务站）、50家普惠金融自助银行。"在2015年一次记者采访中，王继康这样说。

按照"1个农村金融服务站基本服务5个行政村"以及"覆盖金融服务空白点"的总体原则，广州农商银行以金融服务站建设为重点，全力打造形式多样、覆盖广泛的普惠金融服务渠道，将基本金融业务以及村民贷款收件、签约等下沉至金融服务站。目前，广州农商银行共建设农村金融服务站83家，在花都、增城、从化、萝岗等地区设立便民服务网点近100个，助农取款POS机44台，服务终端276台，发行福农卡38万张，居广州同业首位。迄今，广州农商银行"解决最后一公里"的努力已初见成效，辖内600多个网点中有超过400个遍布广州各村镇，ATM机自助设备60%位于村镇地区，覆盖全市1200多个村镇。广州农商银行的金融服务辐射千家万户，广大村民足不出村就能享受到各种便利金融服务。

农户的需求在哪里，广州农商银行的金融服务就在哪里。营业网点、金融服务站之外，该行还在农村大力推广移动银行、电话银行、微信银行等现代金融服务工具，进一步提高农户金融服务的便捷度，构建营业网点、自助设备、电子银行"三位一体"的服务网络。

"在营业网点及自助设备暂未覆盖的村社，我们建立了便捷的电子化服务渠道，通过使用网上银行、电话银行、手机银行等多元化电子渠道实现服务范围全覆盖，村民可享受全天候7×24小时的金融服务。"广州农商银行番禺支行的负责人介绍说。为让村民更便捷地使用电子渠道，广州农商银行还率先在村社内增设Wi-Fi设备，实现Wi-Fi信号覆盖全村，村民在村中随时随地可用手机等移动设备登录"GRCbank-VIP"使用该行的Wi-Fi服务。传统服务工具与现代金融服务工具相结合，广州农商银行逐步形成了涵盖信贷、结算、缴费、理财等多元化的农村综合金融服务体系。

鼠标一点，键盘一摁，手指一划就可以通过网上银行、手机银行办理业务；小额存取款、缴费等业务在家门口即可办理……如今，这一切在广州市郊的农村地区已成为现实，广大村民能够享受到与城市居民一样便利的金融服务。

第二节 普惠金融的"金钥匙"

"普惠金融不等于扶贫和做慈善，必须在普惠金融和商业可持续之间找到一种平衡。"一位经济学者曾这样说。曾经，因为成本产出比高企，金融机构较少或不愿涉足农村金融领域，也造成农村地区金融覆盖率低，金融服务水平停留在较低层次的现状。在商业性和普惠性之间寻找到平衡，考验着金融机构的能力。

随着广州地区三农领域的新变化和新兴农业的出现，广州地区农村金融服务不再局限于"短期、小额、分散、单一"的周转式融资需求，"长期、大额、集中、多元"的规模化综合需求逐渐

广州农商银行与广东省水利厅签订 100 亿民生水利项目融资协议。

凸显，这就为银行实现收益覆盖风险提供了可能。"我行在开展农村金融服务时，绝不能仅仅将之作为响应政府号召、履行社会责任的应景工作，而要坚持市场化和商业性可持续原则，主动适应农村实际、农业特点和农民需求，探索三农金融服务的新路径和新模式。只要找准模式并充分发挥比较优势，兼顾社会责任与商业利益完全可行。"王继康对此充满信心。

为在普惠金融与商业可持续之间寻找到一种平衡，广州农商银行积极探索构建复合立体式的农村金融服务产品体系。紧紧围绕城市化、现代化、产业化进程的需要，全面介入村社、村民的生产生活，创新金融产品和服务方式，因地制宜、因人制宜提供多样化的特色服务。除了基本的存取款、支付结算、贷款等服务外，还从村社、村民的需求出发，灵活运用金融工具和信贷技术，定制特色化、专属化的理财、银行卡、信用卡、经营贷款、消费贷款、创业贷款、租赁等产品服务，做好为村社与村民量体裁衣的"金融裁缝"。广州农商银行的金融实践，也开辟出了一片农村金融的"新蓝海"。

"只要能开发出适合农户需求的金融产品，农村金融还是一片广阔的天地，大有可为。"广州农商银行番禺支行行长这样说。他的话道出了广州农商银行普惠金融之路的"金钥匙"——金融产品的创新。

农村地区的金融需求不同于城市，具有分散化、多层次和差异性的特点，因此，简单借用或复制国有银行的金融产品，无法满足农户对于金融服务的需求。具体到广州地区，其金融需求又呈现出新的特点。随着广州城市化的进程，广州农村地区的经济结构出现新的变化，村社集体经济组织、现代养殖业、现代运输业、现代农业等产业大规模出现，随之出现不同的金融需求。如何满足新形势下的"三农"金融需求，需要一心为农的情感，也需要创新的智慧。

为解决这一问题，广州农商银行意识到必须根据农村地区的实际需求，逐步建立起具有农村金融特色的金融产品体系。广州农商银行"农村金融服务3.0"模式将单一扁平化的农村金融服务全面升级，融合更为丰富的存贷结汇金融产品、更先进的线上线下金融手段以及更具力度的农村经济业态金融帮扶，旨在搭建综合立体化的农村金融服务模式。

适应市场变化，关注市场需求，广州农商银行对村民生产经营、生活教育等方面的金融需求进行深入调研和细分，创新存贷款产品，陆续推出了农户小额信用贷款、订单农业贷款、农户股金分红"质押"贷款、"好易贷"村民生产经营贷款、"新农村"创业贷款、"智能存E"产品、大额定期存单产品和村民专享理财产品等一系列存贷款产品，有效满足了村民丰富多样的资金需求和财富增值需求；逐步实现了既可以为客户提供标准化的"套餐服务"，也可以根据客户需求量身定做"融资解决方案"的产品研发目标，建立起了"品种齐全、口味丰富"的产品体系。此外，广州农商银行通过对流程进行优化，为村社客户授信在审批时间、审批资料等方面提供更方便、更快捷的服务，极大提升了客户体验。

广州番禺区化龙镇，有一大批花卉种植业主。对于这些种植业主来说，因生产周期导致的融资难问题曾让他们十分头疼。梁先生是化龙镇的一位种植业主，长期从事蝴蝶兰等花卉的种植业务。2015年春，因生产规模扩大，梁先生资金一时周转不开，由于缺乏抵押品，他求助了几家银行都被拒之门外。心灰意冷之际，梁先生抱着试试看的态度找到了广州农商银行。客户经理在了解到他征信情况良好，且有较强的还款能力和还款意愿后，运用该行创新开发出的农村土地承包权授信产品为他办理了贷款，一周之内就为梁先生发放了100万贷款，帮助他解了燃眉之急。

城市化进程快、农业产业化程度高是广州地区"三农"经济的主要特点。广州农商银行根据新"三农"发展的需求，积极调整支农思路，实现"三大转变"：一是由支持传统"三农"经济向支持新"三农"经济转变；二是由支持传统农业向支持都市型现代农业转变；三是由单纯支持第一产业向支持农村城镇建设，支持农村第二、三产业发展转变。

立足新的支农思路，广州农商银行创新开发出一系列金融产品，为农户提供标准化的"套餐服务"。在贷款产品上，紧贴农户、农业、农村不断变化的需求，设计适销对路的产品。如针对农户的农业经营和收入特性，推出农户小额信用贷款、订单农业贷款、农户股金分红"质押"贷款；针对村民生意经营之需，推出村民经营贷、创业贷款；针对农户在住房、教育等方面的贷款需求，推出"新家园、新希望"个人贷款系列产品；针对村社集体组织的经济发展需求，推出物业升级改造贷款、村社组织贷款、村社高管贷款；针对现代农业企业，围绕产业链打造金融整体解决方案，目前已打造生猪、水产、菌菇、油茶等农产品种养加工以及冷链物流、农产品交易和综合农业产业等多个细分领域的产业链整体金融解决方案，形成了围绕"公司＋农户"及上下游客户群的链条服务模式。存款产品的设计和服务同样体现"农"字特色。如因应利率市场化，推出"大额存单"和村民专享理财产品，在产品设计上注重满足村民对银行理财产品收益性和安全性的双重需求。再如为满足村社客户定期存款资金管理需求而设计"智能存E"产品，客户一次存入本金，按定期存款利率计算利息，客户可按年分次领取利息。

标准化的"套餐服务"之外，广州农商银行还顺应市场需求，为农户量身定做融资方案，提供"点菜"和"特色菜品"。

广州农商银行巧妙运用广州农村地区产权现状和特色，先后推出了农村土地承包权、集体经营用地使用权、宅基地使用权、农业科技企业的专利权和商标权等授信产品，让农村生产要素自由流动，变资源为资本，参与生产，既盘活了农民手中的资源，又促进了农村经济发展。广州农商银行推出的农村土地承包权抵押贷款，帮助大量农户获得发展现代农业的资金，加快了新农村建设步伐。

针对农村中小企业抵押难、融资难的问题，广州农商银行推出组合贷款业务，通过灵活组合担保方式，突破贷款担保瓶颈，以一揽子综合金融产品组成的"商业模式"方案服务"三农"金融需求。目前已成功实施"政银保"合作农业贷款、琶洲村城中村改造期间融资、江南果蔬市场经销商循环授信、番禺区水产养殖行业融资解决方案等多个商业模式服务方案。比如，针对番禺区化龙镇和新造镇花卉种植业因生产周期而导致的融资难问题，广州农商银行辖下番禺支行创新性引入批量授信模式，制订专项融资方案，有效解决了农户的融资需求，属区内首创，体现了广州农商银行服务农业的本质，也展现了该行与地方农业与时俱进的发展思路。与此同时，广州农商银行将批量授信模式成功植入区内以沙头街大罗塘村为中心的冷冻肉类食品市场。在2014年至2015年间，该行番禺支行以商业模式批量授信的形式，相继给予区内冻肉行业3亿元的授信支持，有效推动了区内相关行业的延续和发展，在经济效能上产生了积极的影响。

"为更好地为三农提供金融服务，广州农商银行因地制宜，根据每个村的不同情况，实施'一村社一对策，一村社一支行'工作部署，1267 条村个个有相应的服务支行和服务方案，加上专门制定的村社经济组织授信政策，从机构、人力资源和制度上保障'三农'服务的个性化、精细化和标准化。"易雪飞介绍说。

一位长期从事农村金融研究的业内人士曾表示，回顾我国农村金融几十年来的发展历程，可以发现，我国农村金融服务之所以一直无法实现质的飞越的一个关键原因在于，金融服务的供给方式没出现明显的提升和飞跃。要真正实现农村金融服务的飞跃，其关键说到底还是服务。

这种论断也恰恰暗合了广州农商银行的普惠金融实践。近年来，该行坚持"速度也是服务"的理念，不断优化业务流程，创新贷款考察方法，提升服务效率，全面推进资金的投放速度，有力地推动了当地经济发展。

为让金融服务更加有的放矢，广州农商银行制定《社会主义新农村建设工作实施方案》，确定不同区域的支农服务范围和工作重点。针对城乡结合地区，广州农商银行着力支持龙头企业和村镇集体。对主导农业产业、优势项目的农产品加工企业、特色农业企业实行倾斜服务，促进农村产业结构的调整。针对城市化进程较快地区，重点支持城乡一体化改造。广州农商银行积极响应广州市政府"三旧"改造政策和部署，按照"一村一策"制订全方位的金融服务方案。针对传统农业占比较大地区，优先支持农业生产。对农村自主创业青年推出"青年创业致富"贷款，支持政府重点扶持的领域，如"农商乐"、产品种植和销售、动物养殖等。

为整合服务资源，广州农商银行顺应市场需求变化，创新服务模式，完善服务三农新流程，致力于为农户提供更方便、快捷的金融服务。建立贷款申请发起、审批、发放、贷后流水线作业式的"信贷工厂"新型服务模式，并以"信贷工厂"为核心，对支农业务进行"产品标准化、作业流程化、生产批量化、队伍专业化、管理集约化、风险分散化"改造。对符合条件的涉农贷款开辟快速通道，提高贷款办理效率。总行成立"村社审贷小组"，在花都、增城等郊区成立四家"审贷分中心"，分管周边3—4个支行的审贷业务，加快内部环节的流转。同时，对农户小额信用贷款、村社经济组织还旧借新及部分个贷业务，实行向支行转授权，切实提高支农服务效率。

"赠人玫瑰，手有余香"。广州农商银行提升农村金融服务的另一重要举措是践行农村公益，反哺村社建设。结合"千村圆梦·助力村社"专项行动，广州农商银行推出"六个一工程"，包括走好一个村社、派好一个村官、办好一本刊物、踢好一场球赛、办好一个互联网、办好一个公益事业。

2015年，广州农商银行"用爱行走"村社走访专项工作正式展开，王继康、易雪飞等行领导走访本地村社，了解村社需求，聆听农村金融需求，实现了对全市11个行政区的全覆盖。对于村社走访，王继康强调"要清晰认识朝夕相处的村社变化，通过走、转、改，真正做到零距离接触农村，找准下一步创新和转变方向，创新出一个复合立体式的农村金融服务模式"。在走访村社的同时，一场"美丽共建"的专项行动也已开始。通过了解各村社基础建设和村民文体生活的实际需求，广州农商银行大力支持村社公共设施的修葺与翻新，文体器材的更换与添置，积极反哺三农。第一批村社建设 52 个项目已于 2016 年 3 月落地，第二批村建项目也已完成 46 个。

2016 年 9 月，广州市白云区政府礼堂济济一堂，广州市委组织部领导、白云区区政府领导以及广州农商银行领导一起见证了一场别开生面的授聘仪式。广州农商银行首批外招"大学生村官"和首批"农村金融服务专员"在众人的掌声中完成了授聘。20 个农村金融服务专员将分赴白云、黄埔、花都三区，进驻村社开展金融服务工作，推动普惠金融发展。农村金融服务专员是广州农商银行在金融领域的首创模式，通过选派高素质员工担任服务专员，到镇街、村社等基层挂职，为村委村民提供贴身金融服务，可以为村社注入新的活力，让金融服务零距离。"村社服务，助力村社，广州农商银行永不止步。"村社部总经理李珂这样说。

"小蝴蝶也能卷起大飓风"。广州农商银行像一只热带雨林中的蝴蝶，拍动翅膀，吹开了广州新农村建设的新局面；广州农商银行的普惠金融实践，如同它象征着五谷丰登的行徽，在阳光下熠熠生辉。

第十二章　品牌和社会责任

　　曾几何时，广州农商银行在许多"老广"们的记忆里就是那些散布在偏远城郊、带着乡土气息的银行网点，和那些挽着带泥的裤管、手拿一叠皱巴巴的零钱前来存钱的客户。如今，这一切已发生了翻天覆地的变化。天河、越秀、海珠……繁华的广州街头多了许多靓丽的橱窗和黄蓝相间的招牌，金色的十粒米 LOGO 在招牌上闪闪发光，招牌下面，是宽敞明亮的网点大厅和面带微笑的专业服务人员。这，便是今天的广州农商银行。"随风潜入夜，润物细无声"，与遍布广州城市几乎每一个角落的 600 多个网点一起，广州农商银行"用心，伴您每一步"的承诺和用心服务的品牌形象已走进千家万户。

第一节　品牌之道

　　平地起高楼。广州农商银行的品牌建设几乎从零开始起步。

　　广州农商银行脱胎于广州农村信用社，在挂牌成立股份制商业银行之前，无论是管理层还是内部员工，普遍没有太多的品牌意识。这一点，从当时的部门设置上即可见端倪。改制为农商银行之前，这家金融企业并没有单独的品牌管理部门，只是在办公室下面设了一个宣传科，"宣传科只有三个人，主要工作是联系媒体、广告投放、企业文化活动等工作，几乎谈不上品牌。而在这之前，甚至宣传科都没有，只是在办公室设置了一个宣传岗。"广州农商银行品牌部副总经理王湘红介绍说。因此，在这一时期，几乎谈不上品牌塑造和创建，"只是有一个统一的农信 VI 标志，甚至很少开展各项业务营销活动。"

　　时间进入 2009 年，广州农商银行的品牌建设之路开始缓缓起步。此时，随着银行业改革的推进，国内银行业的品牌意识开始觉醒，无论是强势的四大国有银行，还是各家中小商业银行，都越来越重视品牌这一无形资产建设。比如，招商银行已推出"因您而变"的品牌口号，致力于打造"创新领先、时尚、聪明得体"的品牌形象；建设银行提出"善建者行"的品牌口号，主推智慧银行。

　　只有品牌才是银行最为有效、长久的竞争法宝和增强核心竞争力的坚实基础，这是此时广州农商银行管理层的共识。在竞争日趋激烈的市场环境中，拥有耳熟能详的品牌无疑对银行吸引客户、扩展业务具有重要作用。银行是服务型企业，这一特性决定了银行所有的内功最终要体现在品牌竞争上。要想占领竞争的制高点，单一的产品模仿、价格博弈已经相形见绌，主打品牌才是最佳手段。

2010年6月，广州农商银行品牌管理中心成立，是办公室下辖的二级部门，统筹全行的品牌建设；2015年初，品牌中心从办公室分离，与战略部组成新的一级部；2016年初，新组建企业文化与品牌管理部，为统筹全行品牌建设的一级部门。从宣传岗到宣传科，再到品牌中心、品牌管理部，从一个人的宣传岗发展到如今14人的一级部，部门的变迁也见证着广州农商银行品牌建设的历史。

在广州农商银行品牌建设的历史中，金色十粒米LOGO的诞生，一定是浓墨重彩的一笔。

2009年，当广州农信社改制为农商银行的方案确定之后，新的银行LOGO设计便开始进入日程。"改制为农商银行，原来农信社的LOGO就不能再使用了，必须要设计新的银行LOGO。我们一方面在全行征集设计，另一方面向全国知名广告公司发出邀约，请他们帮我们设计新LOGO，最后收到的设计作品有几百款。"时任广州农商银行办公室副主任白成凯回忆说。

在初稿的基础上，广州农商银行挑选东道和正邦两家广告公司进入最后的设计阶段，分别进行LOGO设计和VI设计。"无数次的头脑风暴，无数次的推倒重来，不断对细节进行调整，行领导亲自参与，最后确定了十款左右的设计稿备选。"回忆起往事，白成凯依然显得有些激动。"在十款设计稿中，行领导选择了5款设计送到时任广州市副市长邬毅敏办公室，最后邬市长选中了现在十粒米的这一款。"

关于新行徽的诞生，在广州农商银行内部还流传着一个美丽的传说。说是在最后的十款设计中，时任广州农信社主任王继康自己最喜欢的是金色米粒这一款，所以在送市领导拍板时，就动了点小心思，将自己最喜欢的这款设计放在最上面。最后，市领导果然也选中了最上面的这一款，皆大欢喜。这个传说，没有人去证实真假，或许在大家的心目中，一个美丽行徽的诞生，需要有美丽的故事相伴。

2009年12月，广州农商银行正式挂牌成立，在揭牌仪式上，一个主体呈金黄色，形如十粒金黄的米粒汇集的新行徽也在公众面前揭开了面纱。新行徽底色为宝蓝色，似蓝天清澈深邃，晴空万里；主体呈金黄色，形状如东升的太阳霞光四射、光芒万丈，"蓝天以衬，如日东升"，寓意在碧空映衬下，广州农商银行如太阳冉冉升起，蓬勃向上。十粒米整体形象稳重、大方，整体形状与汉字米字相似，如十颗饱满充盈的米粒汇集在一起，米象征着财富，"金米汇聚，财源茂盛"。

帷幕打开，广州农商银行的品牌发展也开启了新的篇章。

台上一分钟，台下十年功。银行品牌的建设和提升是一个长期的过程，并非一朝一夕能够完成。就像舞台上的主角，台上的光鲜靓丽离不开台下的多年功夫，也离不开台前幕后的保证。广州农商银行的品牌建设之路，深刻地诠释了这一点。

从 2010 年开始，广州农商银行开始了一套品牌建设的"组合拳"。

"组合拳"的第一招就是统一品牌形象。

农信社时期，各区县信用社分属不同的法人，除了有统一的农信社标识之外，网点外观和内部设置五花八门，品牌形象杂乱无章。2010 年，通过聘请专业品牌服务公司，广州农商银行推出了全新的 VI，确立了"用心，伴您每一步"的核心理念，开始构建具有自己特色的品牌形象。

为统一 VI，广州农商银行开始网点升级工程。按照新的银行网点视觉形象要求，对全行 600 多家网点分期分批进行改造装修。在改造装修中，对网点功能进行了引导区、等候区、封闭式柜台区、开放式柜台区、个人理财中心区和自助银行区等 6 个区域的划分，传达"用心服务"的核心价值理念。从外部环境系统到内部环境系统、营销宣传系统、指示系统等都以行徽的宝蓝色和金黄色为主色调，突出"蓝天以衬，如日东升"的企业文化。网点升级形成了广州农商银行独特的视觉形象，营业网点成为展示、传播品牌形象的重要窗口。

"组合拳"的第二招是破"九龙治水"的局面。

"如果说以前我们的品牌推广是单枪匹马单打独斗的话，那么现在我们的品牌策略是整体的推广和策划。"王湘红介绍说。

以前，广州农商银行的品牌推广缺乏连续、统一的战略，是"九龙治水"的状况，各个条线业务部门分别有自己的品牌策划公司，分别进行品牌推广。零售金融条线用一家广告公司，公司金融条线则选择了另一家品牌策划公司，小微金融选择的公司又是另一家。"九龙治水"导致的局面就是，表面上看各个业务条线的推广做得热热闹闹，但是因为缺乏整体规划，各业务条线的品牌相互割裂，缺乏统一的品牌形象，品牌资产积累较慢。"各条线品牌分开看好像都有一定的逻辑和道理，但整体看却缺乏系统性和完整性，无论是品牌名称、品牌内涵还是品牌标志，各个子品牌之间五花八门，跟公司品牌之间的联系也极易脱节。对企业品牌的目标客户、品牌定位、传播方式、发展路径等缺乏清晰定位和整体考虑，造成品牌资源无法形成合力、品牌资产难以沉淀积累。"王湘红说。

为打破"九龙治水"的局面，广州农商银行由品牌中心统一采购年度品牌策略服务，由策划公司对全行品牌进行统一的策划和推广；在管理和组织架构上进行优化，总行品牌中心负责全行的品牌维护和建设，品牌创建、广告投放、广告公司选择等权限都上收到中心。业务条线的广告投放、品牌名称、品牌活动都必须报品牌部审核，以确保全行品牌形象的整体性。

如今，广州农商银行已经构建起完整的三级品牌架构。第一级是公司品牌"广州农商银行"，塑造和推广银行的整体形象，它是统率所有品牌的主品牌。第二级是形象品牌，即凸显产品特色，统率所有产品的服务品牌。根据服务理念，广州农商银行推出"太阳金融"品牌形象，秉承"太阳金融　融天下"的核心理念，赋予太阳金融"融通、温暖、平等"的品牌形象，"融通四海，助力发展；融合城乡，普惠社会；融入家庭，温暖生活"。第三级是产品品牌，是业务条线打造的凸显本版块总体特色，并统领本条线各产品品牌的类别性品牌，例如，公司条线全力打造的"赢家"公司金融服务品牌；零售金融条线打造的"太阳卡"系列品牌。在系列品牌下面，再细分出各个子品牌，比如太阳卡下面细分的全飞卡、全行卡等等。

"组合拳"的第三个动作赋予品牌以内核。拥有美丽的"外表"只是第一步，广州农商银行深知，要想真正让品牌形象深入人心，并形成长久而稳固的品牌关系，必须赋予品牌以"灵魂"。

2010年，广州农商银行推出"用心，伴您每一步"的核心价值理念，赋予品牌以内核，关注最普通人的生活，聚焦家庭的情感联系，用最本质最朴素的传统道德，让大众明白，这家银行所守护和坚持的，不仅仅是经济资产，更有丰富的情感资产。围绕"用心，伴您每一步"，广州农商银行一连串动作，让企业形象深入人心。

2013 年的微电影《一个人一辈子一件事》，通过对真实故事的改编，将"立于信，诺于行"的品牌主张进一步扎根在百姓心中。2014 年的微电影《从未褪色的童谣》，同样改编自真实故事，对"十年勇敢笃定，十年守护希望"的真诚、用心陪伴精神做出了具体的阐释。2015 年，推出微电影《你我的美丽邂逅》，以银行推出的错时服务为故事起点，讲述这家银行用心跟客户沟通，提供无微不至的金融服务故事。这部微电影推出后在网络广泛传播，并在中国总工会组织的全国微电影大赛中获得组委会特别金奖。

价值理念传播之外，广州农商银行也努力将"用心，伴您每一步"这一理念融入金融服务。为宣传服务理念，该行每年会组织支行开展金融服务进社区、金融服务进学校等系列活动，服务社区、服务社会。同时，在一些细节上，也着力突出"用心、陪伴"的理念，比如在一些社区网点，广州农商银行会开启便民服务箱，为居民提供雨伞、针线；在一些社区网点，开展错时营业等。通过这些活动的开展，广州农商银行的价值理念逐渐深入人心。

作为一家来自于平民百姓的银行，广州农商银行一直致力于为百姓提供优质、真诚、贴心的服务。"用心""陪伴""诚信"是该行一贯坚持的品牌主张。通过系列活动开展和微电影宣传片展示，广州农商银行开启了一个全新的时代，用传统的文化价值向消费者传达企业文化的核心概念，打造新时代具有责任感、亲和力的现代商业银行新形象。

随着品牌建设脚步的持续前进，广州农商银行的品牌形象显著提升，逐渐深入人心，并在市场的开拓中逐渐展现出其独有的品牌魅力和发展魄力。近年来，广州农商银行在诸多重量级评选中屡有斩获，"中国农村合作金融机构年度标杆银行""最佳中小企业金融服务商""广东省金融创新奖""年度最佳服务团队奖项"……一个个沉甸甸的奖杯，无不展示着品牌的光辉与荣耀。

品牌建设成就的背后，是广州农商银行的专注与坚守。在改革中发展，在开放中成长，在前进中壮大，该行的发展历程也是品牌内涵日益丰富、品牌形象不断强化、品牌价值不断提升的过程。经过近十年的摸索与跋涉，广州农商银行走出了一条独特的品牌之路。品牌的列强争雄已经上演，在这场竞争中，这家银行已经开始发力。未来，更是品牌的时代，它的品牌之路任重而道远……

第二节　社会责任赢未来

广州珠江新城，一座新崛起的 CBD，广州农商银行的总部大楼就坐落在这里。隔河之望，是广州的地标建筑"小蛮腰"。总部大楼通体玻璃幕墙，独具特色的哥特式尖顶格外引入注目，外观现代、摩登，散发着这家银行所具有的朝气和活力。

2014 年 12 月 30 日，这座建筑成为广州市各家媒体捕捉的焦点，很多媒体记者聚集在这里见证了一个"婴儿"的诞生：由广州农商银行捐资一个亿成立的"太阳公益基金"这一天在这座大楼内举行揭牌仪式。随着广州农商银行董事长王继康、市民政局副局长易利华、市慈善会秘书长汪中芳、市青少年发展基金会理事长李荣新等嘉宾共同揭牌，掀开了太阳公益基金的历史，也掀开了广州农商银行践行企业社会责任新的篇章。

"太阳公益基金会将立志成为慈善公益事业的践行者、组织者和引导者，成为道德正义的弘扬者，实现'让太阳点亮希望'的愿景目标。"在揭牌仪式上，王继康这样说。

太阳公益基金使广州农商银行履行社会责任有了新的平台，"太阳公益基金成立后，企业从事社会公益就有了更多的义务，因为政策规定基金会每年应拿出固定比例的收益来从事公益活动。"太阳公益基金会理事长彭志军介绍说，"自 2014 年 8 月成立以来，太阳公益基金会开展了多项贫困帮扶项目，累计捐出善款一千多万元。"

从零星、小范围到密集、大范围，从面向贫困人群到面向大众，依托太阳公益基金，广州农商银行社会公益事业在不断拓宽和飞跃。

大别山多个县都是国家级贫困县、革命老区，不少村庄位于大别山连片特困地区。有些村庄人均年收入仅为900多元，生活入不敷出、捉襟见肘。有些家庭居住在布满裂缝的土坯危房中；有些家庭仅依靠一份每天几十元工钱的散工勉强度日；有些家庭亲人身患重病却无钱救治；有些家庭孩子因交不起学费辍学在家。村民们的生活极其贫困却长期无法得到有效改善。

为帮助那些贫困家庭和困难群众走出困境，太阳公益基金会于2014年8月开展"太阳关爱·革命老区专项行"帮困扶贫行动，对当地进行经济救助、捐资助教，支持地方特色产业发展、完善基础设施建设等，切实改善困难群众的生产生活条件。

通过太阳公益基金，广州农商银行热心乡村公益，支持村社传统文化，关注帮助农村弱势人群，比如向村社孤寡老人派赠慰问金，为孤寡老人安装"平安钟"，向村社特困户给予资金捐助，为村社老人活动中心提供各类老人文娱器材等；支持村社公共设施修葺翻新，比如公园、文化中心、运动场馆、阅览室、宣传栏等的修葺与翻新，以及村社公共文体器材的购置与翻新等等。2014年12月，太阳公益基金会投入300万元资金，携手南方都市报、广东济德文化公益服务中心等举办"广州农商银行太阳公益基金会公益项目征集活动"，面向社会公开征集关乎公众切身利益的公共难题或急需社会救助的个案帮扶项目，通过网络投票和跨界专家评审，公平、公开、公正地甄选优秀项目实施帮扶，帮扶人员包括贫困学生、重疾患者、孤寡老人和受害儿童。

广州农商银行举行扶孤助学公益捐赠仪式。

2016 年，太阳公益基金会发起以"无声的爱"为主题的听障儿童复听公益项目。我国 0—6 岁的听力残疾儿童约有 13.7 万人。在广州，每新增 1 万个新生儿，会有 4—5 名听障儿童。植入人工耳蜗，是迄今为止治疗极严重耳聋最有效的方法。特别是对于重度耳聋患儿来说，人工电子耳蜗越早植入越好。如果能在听障儿童幼儿时期（0—7 岁）植入人工耳蜗，并在 2 岁到 6 岁做言语康复训练，其康复率可超过 90％。为避免贫困家庭因无法承担昂贵的人工耳蜗费用，错失听障儿童最佳复听时机，太阳基金会联合社会各界力量，搭建出了一个集社会慈善资助、医院救治、听障康复为一体的三方救助平台，为贫困家庭听障儿童提供了一对一全程跟进的复听帮扶。"我们为贫困家庭听障儿童每人资助 6 万元，从项目开始到 2016 年 9 月，太阳公益已经资助了 10 名听障儿童，其中有 9 名已经完成了人工耳蜗植入手术，有 8 名听障儿童实现'开机'，走出了无声世界。"太阳公益工作人员朱娜介绍说。

太阳公益基金是广州农商银行践行企业社会责任的一次勇敢试水，"让太阳点亮希望"的举动，为广东省金融业吹入了一股企业社会责任的温暖之风。然而，对于广州农商银行来说，履行企业社会责任，这既不是起点，也不是终点。企业社会责任已经是融入这家银行血脉里的基因。

"我行扎根广州，多年服务'三农'与中小微企业，更懂得回报社会的意义所在。从成立伊始，便将履行社会责任作为我行公民义务的重要内容坚定执行。"王继康曾这样说。无论是"建设成为一流的现代商业银行"的全局性目标，还是担当农村金融的主力军，担当小微金融服务的引领者，担当公益事业的引领者和践行者，都体现了广州农商银行对企业社会责任的认同与肯定。

"知责任，明责任，负责任"，这是著名教育家陶行知先生的一句名言，这句话，恰好可以用来形容广州农商银行多年来的践责历程。作为一家有着悠久历史的本地银行，这家银行在发展壮大的同时始终勇于担当责任，努力实现与广州社会的繁荣共进，彰显了自身的气度和风范。虽然一路走来风风雨雨，波澜曲折，但广州农商人的肩膀上始终担着重重的社会责任，血脉中始终含着浓浓的人间温情。

"广州农商银行的企业社会责任意识其实经历了一个从不自觉到自觉的过程。"彭志军介绍说，"我们在发展自身的同时不忘社会，所以很早，我们就开始从事慈善募捐、农村公益事业。虽然当时还没有从企业社会责任的高度要求自己，但意识到这是现代企业应该做、必须做、值得做的。"

2013 年 4 月 20 日，四川雅安发生 7.0 级地震。广州农商银行迅速行动，4 月 28 日，首批款项 100 万元、员工捐款 75 万余元，合计 175 万余元紧急捐献就通过广州市慈善会汇往雅安地震灾区。同时，全行 630 个网点开通"灾区汇款优先"绿色通道，优先优质办理救灾捐款汇划业务，网上银行也开通直达慈善机构的"公益捐款"通道。另外，由广州农商银行发起设立的四川新津、彭山、广汉3家珠江村镇银行也启动应急机制，确保正常营业服务，全力做好抗震救灾金融服务保障工作。

扶贫济弱是中华民族的传统，广州农商银行多年来也积极践行农村公益事业，真情反哺村社建设。为帮助贫困落后地区的村民尽快脱贫，广州农商银行投入人力、物力切实帮助贫困村改善基础设施，增加村民收入。2013年至2014年，该行累计捐赠680万元支持新宁、连州等地区的贫困村发展，有效提升了贫困户及村集体收入水平，完善了贫困村基础设施建设，改变了帮扶对象贫困、落后面貌。

"责任与爱心也渗透进我行每个员工的内心意识，并转化为自觉的爱心行动。"彭志军介绍说。广州农商银行成立了"志愿者服务队"，利用业余时间开展形式多样的志愿服务活动。2013年至2014年，共525名志愿者相继赴社区、养老院、康复站，探望孤寡老人、关心留守儿童、开展阳光助学等活动。同时结合行业特点，举行"每季一主题"社区宣传活动，为广大群众普及金融知识，广泛开展入户宣传，辐射社区人员超过12万人。

关注和支持扶贫济困、抗险救灾，向汶川地震灾区、雅安地震灾区、玉树地震灾区捐款捐物，落实扶贫"双到工作"，帮扶失学儿童、贫困家庭、孤寡老人，近年来累积捐款超4300万元。

2015 年公益事业支出达 881. 51 万元。一路走来，广州农商银行时刻不忘担负社会责任，积极回报社会。

作为一家总部设在广州的"广州人自己的银行"，广州农商银行始终根植广州，服务羊城。随着践行企业公民社会责任的脚步不断前行，在羊城百姓的心中，广州农商银行的品牌亲和力和感召力也与日俱增。

"忽如一夜春风来，千树万树梨花开"。与品牌形象一起提升的，是经营业绩与水平。在这一过程中，广州农商银行无论是资金规模还是盈利水平都大幅提升。管理层也逐渐意识到，践行企业社会责任，有助于提高品牌的知名度，得到社会更多的认同，进而可以改善经营绩效，提高自身的竞争力。

"银行承担企业社会责任并非只是一种消极的负担和单方付出，一个善待社会、勇于承担企业社会责任的商业银行可以提升自己的公众形象，增加无形资产，扩大市场份额，这有利于企业的长远发展。"彭志军这样说。

这一点在国内外商业银行已成为共识，也被企业实践一再证明。

星巴克 CEO 奥林·史密斯曾说，星巴克的最大成就之一，就是说服顾客支付 3 美元的高价购买一杯"有社会责任感的咖啡"。

英国汇丰银行连续多年获得"全球最佳银行"荣誉称号，除了其雄厚的经营实力之外，汇丰银行在全球积极承担各种社会责任，塑造负责任企业形象，将社会责任融入企业经营也是关键原因。

2002 年，美国几所大学的教授进行了一项专门针对企业社会责任与财务业绩的研究，将《商业伦理》杂志评出的 100 家"最佳企业公民"与"标准普尔 500 强"中其他企业的财务业绩进行比较，结果发现"最佳企业公民"的整体财务状况要优秀得多，前者的平均得分要比后者高出 10 个百分点。

企业在承担社会责任上花费的成本能够使企业在市场、美誉度、品牌形象上得到丰厚的回报。基于这样的认识，广州农商银行开始将践行企业社会责任转化为自觉的行为，并将企业社会责任融入银行经营，把承担社会责任与打造企业品牌、实现经营目标等结合在一起。

"践行企业社会责任，是商业银行实现企业价值、实现可持续发展的基石。"王继康曾这样说，"只有长期认真承担企业社会责任，才有可能赢得市场竞争优势。"

作为金融机构，推动本地区经济发展，改进金融服务，为企业发展提供经济支持是必须承担的社会责任。对以"支农支小"为定位的广州农商银行来讲，服务"三农"、服务小微早已融入这家银行的骨血，也是其自觉践行企业社会责任的基石。

作为广州本土最大的法人机构，广州农商银行一直立足"三农"，担当农村金融服务的主力军，以服务"三农"为宗旨，深耕细作，形成了不少颇具特色的服务模式。广州农商银行辖下 622 个网点中有 423 个遍布广州农村地区，驻村营业网点数占广州同业的 70％，全行近半自助设备布放在农村区域。

作为一家本土的区域性银行，广州农商银行与广州众多小微企业有着天然的默契，经过多年锤炼，该行充分发挥决策链条短、机制灵活的优势，将小微企业信贷业务做得风生水起。目前广州农商银行从事小微业务人员近 300 人，专营机构微小贷中心已达 50 家，遍布广州市区及番禺、花都、增城、从化等郊区；小微业务服务领域投向十几个行业，业务延伸至中大布匹、增城牛仔、沙河服装、沙溪五金塑料等 170 多个专业市场。截至 2015 年末，广州农商银行小微规模及占比均居广州地区金融同业首位，并被中国银监会评为"全国银行业金融机构小微企业金融服务先进单位"。

2008 年 7 月 20 日，在广东考察的前总理温家宝与企业家座谈时说："企业家不仅要懂经营、会管理，企业家的身上还应该流着道德的血液。"多年来，广州农商银行始终将企业自身的发展与履行企业社会责任紧紧融合在一起，在这家银行的身上，我们看到了一个企业公民的职责与荣耀。通过将企业社会责任融入企业经营，广州农商银行获得了涅槃重生的新生命。我们有理由相信，践行企业社会责任是企业发展的必由之路，社会责任赢未来！

第十三章　以人为本，致胜未来

从 2006 年统一法人改革到 2016 年，广州农商银行已走过十年。十年，在历史的长河中只是弹指一挥间，但这家出身草根的金融机构却崛起于珠江之畔，以令人惊羡的"加速度"完成了从农信社到现代商业银行的嬗变，在竞争激烈的广州金融市场中异军突起。

十年间，广州农商银行从一家农村信用社发展到今天有 600 多个网点遍布广州城乡，在全国各地设立了 20 多家村镇银行，资产规模由不足 2000 亿到超过 5000 亿，2016 年实现拨备前利润 97.81 亿元。经过十年发展，如今，广州农商银行拥有员工近 8000 人，全体员工中本科以上学历 5000 多人，博士、硕士近千人。

十年风雨历程，催生广州农商银行嬗变的"王道"是什么？推动这家银行崛起的"引擎"是什么？对于这一问题，外界有各种不同的解答，而广州农商银行董事长王继康的答案则是：人是关乎成败的关键因素，"人才是企业发展的第一资源，转型、创新、再造归根结底都需要人才来实现"。

第一节　突破人才瓶颈

"松下电器"的创始人松下幸之助曾说:"企业是生产产品的,但生产产品之前,先要造就人才;只有造就出优秀的人才,才能造就出优秀的产品。"回顾广州农商银行的发展历程,从弱小到强大,从农村到城市,从区域到全国,没有众多优秀人才的涌现和融入,就不会有而今如蓬勃日出的广州农商银行。人才战略,是这家金融机构在市场中崛起的"王牌",是成为市场赢家的法宝。聚焦广州农商银行的人才战略,我们可以寻找到这家银行致胜未来的"秘符"。

银行业是一个产品和服务同质化程度较高的行业,"一张执照＋一堆资本＋一群人,外接一个 IT 系统",这是很多人对银行业形象的概括描述。如果我们认可这样的形象描述,那么,在这种描述中,人的因素就构成了银行差异的核心要素。

执照、资本和 IT 系统这些都是几乎没有差异的外在因素,唯独其中的"人"是变量,是区别银行竞争力最为关键的因素。如今,随着银行业竞争的加剧,人力资源的争夺已经成为银行同业竞争的重点,谁能在人才方面脱颖而出,谁就能在市场上占据先机和优势。

　　"最关键的还是队伍问题，没有合适的队伍，再远大的理想也仅是纸上谈兵，举步维艰。我们面临的最迫切的问题就是人的问题。"在几年前的一次记者采访中，王继康谈及广州农商银行改革和发展时这样说。人才的瓶颈是这家银行改革和发展之路首先要面对的一个现实问题。

　　时光回溯到 2005 年，当时还未改制的广州农商银行正在酝酿一场体制的变革，王继康被空降到这家银行任掌舵人。出身于人民银行监管系统的王继康有一个坚定的目标：一定要把当时的广州农信社改成一个股份制商业银行，完成由"社"到"行"的历史跨越。

　　然而，在"进京赶考"的路上，面对建设现代化商业银行的全新课题，广州农商银行迎面便碰上了"一堵墙"——当时的广州农信社在员工素质、人才活力等方面先天不足，发展面临人才瓶颈。

　　当时的广州农信社有近 6000 名员工，年龄老化，整体文化偏低，极度缺乏金融专业人才，中层干部几乎都是 50 岁以上的"老人"。从员工的整体素质来看，在广州市场上，不仅与国有银行无法相较，与招商、广发、中信等也完全不能相提并论。更重要的是，当时的广州农商银行，员工安于现状，缺乏活力，"那时农信社员工的收入待遇都还不错，压力不大，安于现状，不像企业，反倒像一个行政单位，毫无市场竞争的紧迫感，小农意识很重。"

王继康回忆说。人才的短板成为广州农商银行改革发展的最可怕的软肋。

如何打破人才瓶颈，在日益激烈的市场竞争中站稳脚跟并快速发展？成为广州农商银行管理层当时面临的重大课题，也考验着他们的智慧。

作为改革发展的掌舵人，王继康深知"要想改变现状，就得找能干活、能干事的人，别无选择。"选拔人才成为广州农商银行破解人才瓶颈难题的第一步，也是关键的一步。人才选拔首先要打破的就是原来论资排辈的用人"潜规则"，强化内部竞争意识，建立"能者上、庸者下"的用人机制，为真正能干事、会干事、想干事的人才提供晋升阶梯和发展平台。

2007年上半年，一场内部大调整和"大换血"在广州农商银行大刀阔斧地进行。

"我的第一步棋是从中层干部竞聘上岗开始的。"王继康回忆说。在全行范围内，广州农商银行让全体中层"起立"，统统重新公开竞聘上岗，按照公开、公平、公正的原则同台竞技。"无论'海龟'还是'土鳖'，无论外来的新人还是内部的老人，大家都在同一个起跑线上。"通过第一轮竞聘上岗，广州农商银行调整了超过50％的中层干部，一批高学历、年轻化、知识化的干部被推到管理岗位和经营一线，能干事、会干事、想干事的一批人才脱颖而出，走上了中层管理岗位，一些关键、核心业务岗位人员的素质也逐步得到了提升。此后，内部竞聘上岗成为广州农商银行的常态机制，"（通过竞聘）那几年更换了90％以上的中层干部，要么是外边同业引进过来的，要么是内部提拔的。整个中层管理团队的业务能力、素质、学历各方面跟其他银行相比都不差。"王继康回忆说。

中层管理干部的"大换血"只是广州农商银行人才棋局的第一步，紧接着的一步棋就是基层员工的"吐故纳新"。

"人员包袱重"几乎是所有国企在改革发展中都要碰到的一只"拦路虎"，广州农商银行也概莫能外。在传统体制下，由于各种原因，广州农商银行的基层员工数量多；学历低，普遍在大专以下；年龄大，业务学习能力很差。"无论是营销、风控还是产品开发、技术维护，各方面的人才都缺乏，很多老员工只会传统的柜台业务，甚至连电脑都不太会操作。因为年龄大，学历低，学习能力也都很差。但是，这些老员工跟农信社风风雨雨几十年，也不能简单地解聘了事，我们也还有企业的社会责任在。"广州农商银行人力资源部负责人回忆说。

面对类似情况，很多企业在改革过程中雷霆手段，通过大规模裁员让企业重新"换血"。但是，广州农商银行基层员工的更新却要"和风细雨"得多，通过人性化的方式，这家银行"吐故纳新"，在几年内实现了基层员工的年轻化、知识化更替。

基层员工的更新包括新人的"进入"和老人的"退出"。从

2007 年起，广州农商银行就注重充实基层，补充年轻力量。每年从全国院校包括上海、北京等地区重点高校招聘两三百名大学应届毕业生，几年下来招了近两千人。新鲜血液的加入，给银行带来了全新的活力。对于原来的老员工，则设计"人性化的退路"，"设计了一些特殊政策，比如在岗退养、允许符合条件的子女顶班等，通过很多土办法、土政策，解决了老员工退出的问题"。

通过"吐故纳新"，广州农商银行基层员工的年龄结构和知识结构得以大幅度优化，打造出了一支适应业务发展的职工队伍。"对于搞活员工这盘棋，关键是设计能上能下、能进能出的机制，退有退路（人性化的退出通道）、上有阶梯（发现人才、培养人才、重用人才的平台），从而打造出一支富有战斗力的队伍。"王继康说。

"他山之石可以攻玉"。为解决人才瓶颈，面对内部缺乏金融专业人才的现实，广州农商银行将目光瞄准了外部。"为了快速解决人才瓶颈问题，我们除了内部打开通道，通过竞聘上岗，让真正有能力的人走上前台之外，还求助于外部，引进优秀人才共同参与我们的事业。"王继康回忆。为了吸引同业精英人才加盟，广州农商银行广发"英雄帖"，在全国范围内"招兵买马"、招贤纳士。一时间，"孔雀南飞"，很多同业精英纷纷加盟。"（这一举动）当时反响确实很大，来自同业的精英人才纷纷报名，第一批成功

广州农商银行新员工岗前培训汇报演出。

录用了十几个外部'新面孔'，给当时的广州农信社注入了一股活力。"

得人才者得天下，没有优秀的人才，就没有优秀的银行。正是基于这样的前瞻考量，广州农商银行把"人才兴行"提升到战略的高度，以海纳百川的胸怀，致胜未来的视野，开启了"能上能下、能进能出"为导向的员工队伍结构优化工程，通过"竞聘上岗、人才引进、本土培育"三驾马车，迅速突破人才瓶颈，打造了一支具有战斗力和执行力的现代金融队伍，并由此催生了广州农商银行人才建设耦合丛生、涌泉奔流的生动气象。

第二节　提供成才的舞台

"一花独放不是春，百花齐放春满园"。在改革转型的征程中，广州农商银行在借助外力、选拔人才的同时，也坚持"输血"和"造血"并举，立足本土，全方位创新人才培养机制，增强企业人才内生动力，为自身发展转型储备和培养雄厚的人力资源。

以人才战略为导向，广州农商银行领导层明确意识到，一家企业要想实现稳步快速的发展，企业内员工的成长是关键因素之一。只有企业在人才上实现内部"造血"的良性循环，企业人才才能源源不断地涌现，企业也才能健康发展。用机制培养人才，用事业留住人才，用感情维系人才，是广州农商银行人才战略的原点。

　　为促进企业内部人才的成长，广州农商银行制定了一整套成熟的人才培养规划，特别是加大对优秀年轻后备干部的培养力度，多渠道、多层次展开培训，在实践中造就和培养各类优秀人才。

　　"广州农商银行的内部培训主要有三种形式，一是毕业生跟踪培养，二是在职培训，三是脱产培训。"广州农商银行副行长彭志军介绍说。广州农商银行在全行实施导师责任制，鼓励以老带新和干中学，由新老员工双向选择确认导师和学徒，开展一对一的在职培养。同时，有计划地开展内部轮岗交流制度，为有潜力的员工提供实际的岗位工作和锻炼机会。结合业务发展和管理转型等新要求，广州农商银行还从中期规划的角度，滚动式制订基于培训项目的年度培训计划，针对各层各类人员开展有针对性的、多培养方式的培训，确保岗位胜任、知识创新和文化传承。"我行的培训，每年都会制定年度规划，针对不同的岗位制订不同的培训内容。"彭志军说。

　　广州农商银行的在职培训采取学分制，根据不同岗位，每年要求完成不同数量的学分，比如经理级以上员工每年需完成不少于30分的培训和学习。每个月，银行会组织不同内容的职业培训，员工根据时间和兴趣完成学习。另外，广州农商银行还开发了网上学习系统，将一些学习资源放到内部网络，员工也可以通过网络课程来完成学习。学习完一门课程也可以得到相应的学分。

"通过这种形式进行企业内部培训，一方面是可以发挥员工学习的自主性，根据兴趣和时间来自由选择学习内容；另一方面则是使培训真正起到促进员工成长的目的，员工可以根据自己的实际情况，有针对性地参与某方面内容的培训。"人力资源部员工说。

在广州农商银行的人力资源管理中，人才的成长与人才的发展是两条并行的通道。"一方面要解决员工能力的提升，另一方面也要解决员工个人的职业发展通道。能力提升了，职业发展通道也要顺畅，这才能解决人才出得来、留得住的问题。"彭志军说。

本着"不拘一格降人才"的宗旨，广州农商银行在人才战略实施过程中，打破常规，为员工建立了"多通道"的发展平台。所谓多通道，是指将赛车规则引入银行的人力资源管理中，员工可以根据自己的能力选择和更换"车道"。比如选派总行员工到支行或村镇银行任职，各级支行的基层员工也有机会到总行从事中后台和条线的管理工作。并且，这种内部的轮岗制度在广州农商银行已经成为一个常态机制。王继康曾讲过一个真实的案例：有一个管理学博士，一直在基层按部就班完成程序化的工作，才能没法发挥出来；后来调到总行做产品设计，成为了一个非常优秀的产品经理。

这种"多通道"的用人机制，一方面可以为员工提供学习新知识、提高业务能力的"加油站"；另一方面，这种人性化的制度安排，可以使各类人才用当其时，用当其能，用当其位，真正做到了兵随将转，无不可用之才。

2011 年，广州农商银行筹办的企业大学"珠江商学院"正式挂牌成立，为企业内部的人才培养装上了强劲的"引擎"。

珠江商学院按照"上接战略、下接绩效"的办学原则，结合企业发展的现实与长远需要、结合企业的整体战略与员工的职业规划设计培训体系。一方面，通过"三体系一平台"（即课程体系、制度体系、师资体系和网络学习平台）来搭建基本架构；另一方面，通过项目制运作方式进行管理，结合队伍建设、战略推动、业务拓展、文化传播、知识管理等板块设计培训项目。长期、中期、短期培训相结合，有计划、分阶段、有针对性地开展培训，通过提升员工的知识储备、培养员工的专业技能与学习发展能力，达到提高员工专业素养、综合素质和人均产能的目的。

为了给人才金字塔奠定坚实的底座，广州农商银行也非常重视培育储备后备力量。

2011 年，广州农商银行制订并启动"789"人才培养计划，挖掘优秀人员作为各级管理人员储备干部，为改革发展提供人才保障。该行将近年招聘的大学生、考核优秀的员工以及具有特殊技术的业务骨干纳入人才培养计划之中，根据考核情况和潜力评估，建立三级人才梯队，专人建册跟踪培养，激发员工的工作意愿和动力，建立人才储备库。此外，广州农商银行还与广东外语外贸大学等高校进行战略合作，把职业教育提前引入校园，推动

"管理培训生项目"，择优选聘具有潜力的大学生进行培养，形成了具有广州农商特色的人才梯队建设模式。

如果说人才梯队建设为广州农商银行人才金字塔奠定了坚实的底座，多层次、多渠道的员工培训构筑了"金字塔"厚重的塔身，那么，珠江金融研究院和博士后科研工作站就构成了人才金字塔的"塔尖"。

以"人才兴行"战略为导向，广州农商银行在国内地方性银行机构中较早设立了博士后科研工作站，并成立了珠江金融研究院，为高素质人才的引进和培养搭建平台，并构成广州农商银行高端研究和管理人才培养的"两翼"。

"人才是企业发展的第一资源，近年来我行持续推进'人才兴行'战略，成立珠江商学院、珠江金融研究院和博士后科研工作站等企业大学与人才培养平台就是其中的重要环节。"广州农商银行首席战略官、珠江商学院院长孙晓琴介绍说。以银行改革发展中的前瞻性、战略性、系统性问题为研究课题，珠江金融研究院与博士后科研工作站将产学研有效结合，推动研究成果转化为实际的战略决策、业务模式、管理制度、工作流程，在实际应用中发挥生产力，持续提升业务创新、管理创新与技术创新能力，将智力优势转化为实实在在的经营业绩。以珠江金融研究院、博士后科研工作站为平台，广州农商银行打造出了独具特色的人才培养和创新研究机制。

从管培生到基层员工，从业务经理到部门经理，广州农商银行的员工在职业发展的过程中，可能都会遇到一个一个的"十字路口"，每个"十字路口"对员工的素质和能力都提出了不同的要求。广州农商银行针对不同的"十字路口"，安排和设计一系列的培训，安排不同的锻炼机会。这些从初级到高级的多层次的企业内部培训，成为广州农商银行最耀眼的花环。内部培训的有效推行，完成了人才的"造血"功能，员工业务水平越来越高，自身价值也不断增长。

"有了相应的金融人才，并不意味着银行就有很高的效率。如果没有每一个银行员工的积极努力工作，银行也很难有活力。"广州农商银行人力资源的负责人说。因此，如何通过合理的机制激励员工的工作热情，挖掘内部人才的潜力，就成为广州农商银行需要认真思考的问题。

"工欲善其事必先利其器"。为激励人才，激发内部活力，广州农商银行在薪酬制度和员工晋升通道上进行了一系列的改革。

因为历史原因，改制前的广州农商银行在薪酬制度上的"大锅饭""平均主义"一直为人所诟病，"干好干坏一个样，干多干少一个样"的现实导致企业内部毫无活力可言。要改变这种局面，唯有的办法就是打破"大锅饭"，引入竞争机制，建立具有竞争激励机制的薪酬制度，使各种金融人才在合理的竞争环境中施展各自的才能，体现按劳分配、多劳多得的原则。

　　基于这样的背景，广州农商银行开始了薪酬制度的改革，实行了以贡献为核心的绩效考核制度，在薪酬制度上建立了"以基本工资为辅、效益工资为主"的工资制度。加大了效益工资占比，收入由固定转向浮动，将个人所得与单位业绩紧密挂钩，多劳多得，少劳少得，形成了弹性的竞争性工资制度。

　　改革后的薪酬制度以岗位绩效工资制为主，员工工资主要由岗位工资和绩效奖金两部分构成。岗位工资主要体现岗位价值和对银行的贡献，其级别和水平根据职位评估结果确定。绩效奖金则根据银行整体绩效完成情况和员工个人业绩考核结果确定。此外，根据职位特性和市场惯例，不同序列的职位将进入不同的薪酬激励体系，其岗位工资与绩效奖金的组合比例不同，且同一职位序列内部的职级不同，其岗位工资与绩效奖金的组合比例也不同，真正体现了薪酬的"激励"作用。

　　"激励不仅要关注员工的工资收入，还要关注员工的职业发展和职业晋升问题。"广州农商银行人力资源部负责人说。

　　在企业内部，"天花板"问题一直是困扰企业人力资源的一个大问题。在传统的金字塔科层组织中，相对于庞大的"塔基"，管理和领导岗位总是有限，员工很容易就触碰到"天花板"。导致的后果或者是人才的流失，或者就是丧失工作热情，慢慢熬资历。员工晋升通道单一、狭窄是广州农商银行人才兴行道路上必须拔除的一根"钉子"。

　　为打通员工晋升通道，广州农商银行启动岗位序列改革，建立了多类别、多等级的岗位序列，为员工职业发展提供多元的职业通道。"以前，我们的员工就只有行政管理这条通道，岗位少，通道狭窄，不利于激发员工的活力。改革后，我们为员工的职业发展提供了多个通道，'条条道路通罗马'，员工的工作积极性得以激发，各显神通，各尽所能。"人力资源部负责人介绍说。

　　广州农商银行将岗位划分为管理序列、专业序列、市场序列和操作序列四大序列，每个序列划分为若干不同的等级，对应于不同的薪酬等级。不同等级的人数原则上按照金字塔形分布，不同序列、不同级别按照不同的比例设置。通过不同序列的设置，每个员工都能找到自己职业发展的通道，而不再局限于原来单一的行政管理的通道。同时，为了确保员工合理有序的晋升，广州农商银行建立了各个序列的准入标准，规范了各个序列等级人员的评聘流程。

　　多通道的用人机制以及多元的晋升通道，不仅加强了内部管理，也为引导员工多元化的职业发展指明了方向。员工选择并通过不同的通道，都可以不断拓展自己的职业生涯，实现自我价值。

　　以兼容并蓄的品格，用真诚和舞台，广州农商银行延揽着四方才俊；用创新和融合，广州农商银行成为人才繁衍的沃土。"输血"与"造血"并举，广州农商银行与精英人才携手共赢。

　　"大鹏一日同风起，扶摇直上九万里"。优秀人才的引进，本土人才的培育，后备人才的储备，专业人才的集聚，为广州农商银行的发展开启了一扇腾飞之门。"人才战略"，是这家银行实现腾飞和跨越的基础，正是依靠成功的"人才战略"，广州农商银行一步又一步踏出了坚实的发展轨迹。

第十四章　打造珠江系金融版图

循流而下易以至，顺风而驰易以远。珠江水在历史洪潮里逐浪滔滔，岭南风在城市巨变中拂尘漫漫。六十余年，广州农商银行生于斯，长于斯，头枕千百年岭南文化，沐浴改革开放之春风，历经一次次蝶变与新生。

对中国的商业银行而言，综合化经营已不是一个陌生的字眼，金融创新、综合经营早已成为国际银行业的发展趋势，同时也是我国银行业的最新发展动向。"得广州、望全国"，在巩固本土本色优势的基础上，广州农商银行综合化经营的蓝图已经徐徐展开，"云山峰高无惧路遥先奋步上辽京登天府逐鹿中原问鼎齐鲁苏沪赣湘能立足，珠水潮急不待风正直扬帆下村社涉商圈支持实业服务人民工农中建试比肩。"广州农商银行董事长王继康曾写下这样一幅对联。对联充满创业的豪情，也描绘着综合化经营的发展新途。

综合化经营蓝图的探索之路已经铺开，"星火"开始"燎原"。2010 年，广州农商银行在河南发起成立珠江村镇银行，踏出了异地经营的坚实脚步。2014 年,广州农商银行独资的珠江金融租赁公司在南沙正式开业,吹响了这家银行跨业经营的号角。2015年,广州农商银行成功取得信贷资产证券化业务资格,打开了资产证券化探索的破冰之旅。小微专营机构、基金公司、信用卡公司、消费金融公司等也在积极筹建中,一幅综合化经营的版图正逐步清晰。

在创新中发展,在改革中奋进。通过不断探索,广州农商银行描绘了一幅综合化经营的版图,珠江系金融集团隐隐浮现。站在新的发展起点,这家金融机构的综合化经营之路将继续在挑战中前行。

第一节　解困之道

随着金融改革的深入及互联网金融的快速发展,中国银行业已经走到了一个关口:国内资本市场的深化和民间融资渠道逐步规范,金融脱媒日益加剧,对银行信贷业务产生明显的"挤出"效应;传统存贷款业务的利差在迅速缩小,银行过度依赖利差收入的盈利模式和生存模式难以为继。面对银行业的"新常态",在利率市场化改革和互联网金融浪潮的倒逼下,如何大刀阔斧地自我革新,寻找新的转型方向也成为商业银行的必答题。在这样的背景中,各大商业银行开始综合化经营探索之路。

"风起于青萍之末"。随着我国经济的不断发展和金融业的日趋繁荣，以及银监会连续出台相关政策，近年来我国多家银行相继投资设立或入股证券、投行、保险、租赁、基金等公司，银行业界综合化经营早已是暗流涌动。

20 世纪 90 年代中期，中国建设银行与美国摩根斯坦利合资成立了中国第一家真正意义上从事投资银行业务的金融公司——中国国际金融有限公司，标志着中国商业银行综合化经营的开端。

2002 年 12 月，中信银行、中信证券、中信嘉华银行和新诚保险的"中信控股公司"正式挂牌成立，这是我国成立的第一家金融控股公司。

2005 年，中国人民银行、银监会和证监会共同发布了《商业银行设立基金管理公司试点管理办法》，允许商业银行直接投资设立基金公司，这是我国商业银行综合化经营历程中的又一个里程碑，为商业银行开展综合化经营扫清了制度障碍。

2013 年 1 月，银监会在全国银行业监管工作电视电话会议上，强调推动银行业改革转型时，提到将"审慎开展综合化经营试点"。自此，我国商业银行的综合化经营之路开始步入快车道。当年 3 月，北京银行中加基金成立，北京银行成为首个吃螃蟹的城商行。当年 4 月，民生加银基金成立。兴业银行也于当年获批设立基金公司。

在综合化经营方面步伐较快的是中国建设银行和中国平安集

团。根据资料显示，建行综合化经营的框架已经形成，截至目前共拥有境内外近十家经营性子公司和二十多家村镇银行，经营业务覆盖基金、租赁、信托、保险、投资银行以及专业化银行等多个行业和领域。中国平安也已启动综合金融战略，建立了"一拖四"的股权结构，通过旗下控股的九个子公司，拥有了包括保险、信托、证券、银行在内的多张金融牌照。

"传统的信贷模式已经无法适应社会投融资格局变化和客户新兴投融资需求，银行已经开始新一轮的转型，从传统业务向新兴业务、从单一信贷向综合金融服务转型。"有业内人士这样说。

银行业的发展态势印证着这样的判断。近年来，国内商业银行纷纷加快推进综合化战略，加大对其他非银行领域的投资力度，逐步形成综合化经营的金融集团，战略协同效应和综合化金融服务能力不断提升。从具体情况来看，五家国有商业银行在综合化战略及规模上处于领先位置，综合化金融服务能力相对较强。股份制银行综合化战略推进步伐也很快，特别是在业务综合化方面，产品和服务水平不断提升，业态布局已经较为全面，综合化金融服务能力初步显现。从数据看，截至2015年底，13家商业银行获准设立基金管理公司，11家获准入股保险公司，31家获准设立或入股金融租赁公司，5家获准入股信托公司，10家获准设立消费金融公司，6家入股汽车金融公司，商业银行通过综合化经营实现了协同效应。

对于今天中国的商业银行来说，综合化经营早已不是一个陌生的字眼，金融创新、综合经营已成为银行业的发展趋势。然而，金融业综合经营并不是某家银行的心血来潮，或是扩展欲望所致，它是经济发展和银行生存的需要，是深化银行改革、提升综合竞争力的必由之路。或者说，它是一场由市场倒逼的改革。

随着经济增速趋缓"新常态"和金融业竞争日趋激烈的"新业态"的出现，各商业银行普遍面临利率市场化和金融脱媒的"两面夹攻"。

2012 年 6 月，央行扩大存贷款利率浮动区间，我国利率市场化迈出实质步伐，随着大额存单管理暂行办法的推出，我国银行业已经实质进入了利率市场化的时代，净息差不断缩窄；同时，存款保险制度的实施使商业银行特别是中小银行面临负债成本上升压力。在经济趋缓的背景下，企业贷款需求也在下降。此外，因为经济大环境不景气，银行的不良资产持续暴露，侵蚀银行利润。利差收窄、需求不旺、不良反弹，多重因素对银行的传统资金业务形成冲击，银行利润高增长时代不再。

更重要的是，随着金融脱媒、技术脱媒的深化，银行的客户资源面临冲击：一方面，更多居民将银行的储蓄存款"搬家"去追求收益更高的金融资产，导致银行储蓄客户流失；另一方面，越来越多的企业通过资本市场直接融资，迫使银行信贷客户遭受分流。一类客户找资本市场，二类客户找债券市场，零售客户找互联网、找马云，这都给商业银行的传统业务带来了日益严峻的挑战。

面对市场的冲击和挑战，综合化经营就成为我国商业银行寻求发展新路径的现实选择，成为商业银行应对市场冲击的"利器"。

"商业银行通过综合经营寻找新的业务增长点，可以降低对利差收入的过度依赖，实现业务的多元化，从而弥补利润缺口，增强商业银行的可持续发展能力。"一位银行业人士这样说。

银行业的竞争本质上是一场客户争夺战，取胜的关键在于能否具有便利、高效、准确的优质服务来满足客户多样化的需求，而商业银行综合经营则有利于金融业务进行有效整合，通过多元化经营满足客户、降低成本、创造利润。

银行的综合化经营一方面可以为客户提供一站式服务，从证券、基金投资到保险需求，从而增强客户的黏度；另一方面，综合经营也可以改变银行的单一收入来源，减少收入的波动性，确保收益的稳定性，降低经营风险。更重要的是，综合经营存在规模经济，当商业银行通过综合经营进入更广阔的市场，接触更多的客户群体，一些大型商业银行会演变成"金融超市"创造出更多销售机会，服务效率和盈利能力都将大大提高，从而达到规模经济的效果，使得资本利用效率最大化。

"综合金融是中国银行业改革的必然趋势，在低利率时代，继续依靠传统的三板斧，生存空间将越来越小。我行必须向综合金融服务商的方向转型，不走综合金融之路，没有活路。"在一次全行工作会议上，广州农商银行董事长王继康这样说。他的这番话，也是中国银行业面对新常态，综合化经营探索之路的一个注解。

第二节 四大战略布局综合金融

利率市场化时代，息差收窄，金融脱媒冲击存贷款客户资源，如何面对严峻的经营形势？出路在哪里？广州农商银行给出的答案是转型，综合化经营被寄予厚望。通过业务的多元化，从而增强自身的竞争力，成为广州农商银行的现实选择。

"考虑到银行业生存环境，利差收窄、金融脱媒、竞争激烈，广州农商银行首先要做大银行。在精耕细作、巩固并扩大我行在广州地区的市场份额的同时，积极实施跨区域发展、综合化经营战略，不断拓展业务发展空间和增长点。做一家又大又好有智慧的银行。"对未来，易雪飞这样期许。

为此，广州农商银行开启了第三次转型，踏上了综合化经营的探索之路。在广州农商银行的发展之路上，曾经历过两次战略转型。第一次转型是以"固农进城"为主题的一次变革，在巩固传统农村市场并满足新"三农"金融需求的同时，开始向城市经济进军，围绕新型市场主体的需求创新推出了一系列能与同业比肩的业务产品，以差异化的策略捕捉市场机会，寻求城乡业务的均衡发展。第二次转型是基于市场逻辑重新界定发展模式，以"内涵集约"为主题，推进业务结构从单一重公司业务向中间业务和零售业务并重转变，客户结构从注重大客户向注重中小微客户转变，收入结构从单一靠息差收入向多元提升中间业务收入转变，市场结构从单一注重本地市场向全国市场布局转变。

"第三次转型突出'综合金融，协同服务'，就是要强化业务条线之间的联动服务和交叉销售，全面介入客户的生态圈，协同利用银行、租赁、基金、信托、保险等多种金融工具与产品，为客户提供一站式、综合化金融服务。"王继康这样说。

以第三次战略转型为契机，广州农商银行提出了打造珠江系综合金融控股集团的战略目标，并明确了"大零售、大投行、大资管、大同业"的战略构想，布局综合金融。以发挥集团协同优势，转型成为综合金融服务集成商。

"得零售业务者，得天下，得未来"，这在当今银行业已成为不争的事实。有鉴于此，广州农商银行以零售业务转型为重点，开始构建"大零售"的战略布局。"大零售"的核心是实现由产品导向向客户导向的转变，意味着银行对现有资源的高效整合，对业务格局的重新构建，为个人客户提供一站式、综合化服务。

在董事长王继康看来，要实施大零售战略，必须实现"五个转变"：服务导向从产品中心向客户中心转变；服务对象从单一客户向多客户集群转变；服务内容从单一产品向多产品组合转变；

服务渠道从单一渠道向多渠道协同转变；服务模式从被动等待向主动获客转变。

为提升大零售的综合服务效能和整体价值贡献，广州农商银行积极推进银行物理渠道和电子渠道的整合，金融产品的交叉销售，以小微金融、小区金融、消费金融为引擎，以财富管理、信用卡为重点，积极探索私人银行业务，打造多层次、立体化的零售金融生态圈，满足客户全方位、全渠道的金融服务需求。

在综合经营的战略布局中，投行业务也被赋予更多的使命。在新的市场环境中，广州农商银行提出"大投行"战略，意在彻底改变单一的业务盈利模式，构建丰富多元化的投行产品体系，搭建跨信贷市场、债券市场、资本市场、货币市场甚至离岸市场的金融服务平台，实现"股、贷、债、投"一站式、延续式和绑定式的综合金融服务。

广州农商银行的"大投行"战略内涵包括三个层次：一是股贷债投一体化的客户营销思想。银行通过股贷债投一体化的综合营销，解决企业客户在不同发展阶段的金融需求。二是公司业务投行化的工作思路。公司业务投行化，将助推公司业务商业模式实现由"产品为中心"向"客户为中心"、由"信用中介"向"服务中介"的转型升级。同时注入创新投行风险管理手段，全方位把握业务的实质风险。三是跨市场对接的大投行运作模式。综合运用国内及跨境的各类成熟市场，通过从货币市场引入资金来源，投入信贷市场、债券市场、资本市场的资产项目，实现各类市场的资源及优势互补，分享各类市场红利。

以"大投行"战略为主导思想，广州农商行精准定位市场需求，构建了包括股权基金、PPP、债券承销、资产证券化、并购融资、理财直接融资工具、上市通综合金融服务、信托融资业务等在内的二十项产品视图，以投行产品为纽带，紧跟国家财政金融体制改革步伐，加快国企改制、新型城镇化、资本市场扩容、社会融资渠道多元化、地方平台融资转型、PPP项目建设等业务发展。

2016年5月，《证券时报》主办的"2016中国投行创造价值高峰论坛"在重庆举行。在本次高峰论坛上，广州农商银行荣获"2016中国区最具成长性农商行投行"奖，是第一批获此殊荣的农村商业银行。

奖牌的背后，是"大投行"战略漂亮的成绩单。2015年广州农商银行投行利润创收增速达63%，投行中间业务收入增速达67%，债券承销量391亿，在全国农商系统位居前列；同时发行了全国农商行首单理财直接融资业务和全国首单中小信贷资产证券业务。

"大同业"也是广州农商银行布局综合经营的战略构想之一。通过加强与金融同业之间的合作，实现信息的快速共享、资金的快速融通、产品的快速创新，利用金融机构的异质性和互补性挖掘同业合作空间、优化资产负债结构，将同业客户及其终端客户纳入广州农商银行的综合金融服务链条。打造"轻资本"业务模式，"大托管"、交易型银行模式均在积极构建中。

　　广州农商银行的"大同业"战略从两个方向发力。一是发展"交易型银行"业务，构建跨行业、跨市场、跨监管的创新通道和平台，通过金融市场上各种金融产品和工具的组合创新，满足客户综合金融服务需求。二是积极探索"代理人"银行业务模式，与实力较弱的中小银行建立紧密合作关系，利用广州农商银行的平台、客群、市场和创新能力来撬动、聚合、联动中小银行的资产和规模，探索同业群体的特色同业业务发展路径。

　　资管业务已经发展成为发达国家金融机构的支柱业务和主要盈利来源之一，收入占比普遍达到25％以上。在中国，资产管理市场的发展空间同样十分广阔。对商业银行而言，相比于原来较为简单的理财业务和投行业务模式，大资管无疑具有更加丰富的内涵和外延。

　　因此，"大资管"战略成为广州农商以后布局综合经营的重要举措，"在大资管时代推动大资管战略，要求我行逐步搭建跨机构、跨行业、跨市场运作的资产管理综合服务平台，全面提升金融资产服务与管理能力。"广州农商银行董事长王继康这样解释"大资管"战略。

　　大资管战略地位的确立，意味着资产管理业务不再是银行可有可无的点缀，而是银行发展的一个重要引擎，广州农商银行作为综合金融服务方案提供商的职能将凸显。它包括两重内涵：一方面发行或代理发行各类资管计划或理财产品以筹集资金；另一方面创设各类直接融资工具或集合推介其他金融机构推出的各种融资工具，在深入分析客户融资需求的基础上，为其提供不同成长阶段、不同经营情况所需的不同融资方式或金融服务，进而全面介入客户资金循环活动的全过程。

"要转变未穿透终端客户而浮于同业之间的传统业务模式，为公司及机构客户、零售客户尤其是高净值客户提供立体化、多样化、一站式的资产管理产品和服务。"对于广州农商银行的"大资管"体系，王继康这样展望。

综合化经营已是不可逆转的潮流，对于中小银行来说，积极布局综合经营是增强其竞争力，赢得未来的不二选择。在这样的背景中，广州农商银行四大战略布局综合金融就显示了这家金融机构未雨绸缪的前瞻眼光；大零售、大同业、大投行、大资管战略的实施，也将成为广州农商银行战略转型、综合经营的动力引擎。

第三节　综合金融探索之路

面对金融脱媒、利率市场化的双面夹攻，广州农商银行的解决之道是转型，布局综合金融。然而，罗马不是一天建成的，战号已经吹响，综合化经营需要一个台阶又一个台阶的向前迈进。

珠江金融租赁与河南固始县战略合作签约仪式。

广州农商银行综合化经营探索之路早在 2010 年就已开始。2010 年 3 月，广州农商银行发起成立淮滨珠江村镇银行，开启了跨区域经营的扩张之路。此后，各地的珠江村镇银行如雨后春笋般成立。迄今，广州农商行已控股村镇银行 24 家，分布在北京、河南、湖南等 9 个省和直辖市，其中信阳珠江村镇银行为总分行制村镇银行。除此以外，广州农商银行在广东省内还开设了 5 家异地分支机构，分别为佛山分行、清远分行、肇庆支行、珠海横琴分行、河源东源支行。

对广州农商银行的跨区域经营战略，王继康将之形象地称为"星火燎原计划"，其具体路径为：一是先省内后省外，先区域内后区域外；二是重点布局珠三角、长三角、环渤海等经济发达区域，同时助推中西部地区和欠发达县域的农村金融服务体系建设。实现"星火燎原"效应的抓手包括设立异地分支机构、发起设立村镇银行、兼并收购中小金融机构等。

"得广州，望全国"，王继康对广州农商银行未来的愿景是将这家银行建设成为"具有广州特色的综合金融控股集团"。"我行从地域上走出去之外，还有更加远大的抱负，那就是实现金融业务的综合化经营，在政策允许的前提下实现跨业经营。未来广州农商银行要发展成为金融集团，打造珠江系金融航母。"在接受记者采访时，王继康这样表示。

跨区经营的触角已经伸出，广州农商银行的综合化经营还亟

广州农商银行首家异地支行"河源东源支行"开业。

广州农商银行发起设立的总分行制村镇银行——信阳村镇银行开业。

待跨业经营的临门一脚。

2014 年是广州农商银行综合经营战略布局具有里程碑意义的一年。这一年的 12 月 16 日，由广州农商银行全资设立的珠江金融租赁公司正式开门营业，标志着它在跨业经营和战略转型上迈出了新的步伐。

2014 年 3 月，中国银监会颁布新《金融租赁公司管理办法》，放宽准入门槛，鼓励符合条件的各类资本发起设立金融租赁公司，引导各种所有制资本进入金融租赁行业。由此，我国金融租赁行业进入一个新的发展阶段。

2014 年 6 月 5 日，中国银监会批复同意广州农商银行筹建珠江金融租赁有限公司，这是广东省第一家由中国银监会批准设立的全国性金融租赁公司，也是全国第一家由农商银行全资设立的金融租赁公司。

2014 年 12 月 16 日，这是一个镌刻进广州农商银行历史的时间。这一天，广州市副市长周亚伟、广州市国资委主任黄伟林、广州农商银行董事长王继康、广州农商银行行长易雪飞等为新成立的珠江租赁有限公司揭牌，广州农商银行独资设立的金融租赁公司在南沙新区正式诞生，首期注册资本 10 亿元人民币。

珠江金融租赁公司的成立，是广州农商银行综合经营探索的关键一步，标志着这家银行在跨业经营和战略转型上迈出了新的步伐。从这一天起，广州农商银行跨业经营的集结号开始吹响；

从这一天起，广州农商银行开启了打造珠江系综合金融控股集团战略的引擎；从这一天起，珠江租赁在朝广州金融租赁行业领军者的道路上一路前行。

作为广东省第一家全国性的金融租赁公司，珠江租赁肩负着多重使命，成立意义非常深远。对此，在公司成立仪式上，广州市副市长周亚伟在致辞中表示，希望珠江金融租赁公司做出农业特色和广东特色，尽快打造成国内一流的金融租赁公司，成为广州市融资租赁行业的标杆企业。而在广州农商银行行长易雪飞看来，珠江租赁的成立将丰富广州农商银行综合化经营的经验，延伸服务领域，完善产品体系，更好地满足客户多元化的融资需求；还可以带动银行传统业务和其他新兴业务的发展，加强银行传统信贷业务对企业的渗透，以租赁业务为平台，带动资产证券化、资产信托等新业务板块的开发。

重任在肩，但作为广东省首家全国性的金融租赁公司，珠江租赁没有现成的道路可以借鉴，只能摸索着向前，无论是人才还是资金、体制都面临困难。如何走好第一步，考验着集体的智慧。

珠江租赁首先面临的就是人才的困境。在金融租赁行业与融资租赁业，人才奇缺，而且人才主要在北京、上海、天津等地，广州本地的租赁人才较少。没有一支精干的队伍，业务难以起步。为此，珠江租赁利用南沙自贸区的人才引进优惠政策，筑巢引凤，大力引进优秀的租赁人才。"我们努力通过提供良好的事业担当和市场化待遇引进并留住人才，并始终积极推动广州市、南沙自贸区租赁区域文化的形成和兴旺，促进租赁人才向广州本地流动。"珠江租赁的相关负责人介绍说。截至目前，珠江租赁已经建设起了一支50多人的团队，其中博士、硕士研究生学历占比超过50％。员工均来自全国知名金融租赁公司、融资租赁公司、商业银行及相关金融机构，诸如工银租赁、交银租赁、招银租赁、民生租赁等等。

　　作为银行系金融租赁公司，珠江租赁在诞生初始，便希望逐步走上一条专业化道路，深耕细分领域，贴近"供应链金融"，提供产业链上下游配套服务。"金融租赁公司宜以差异化的市场定位，充分利用珠三角的区位优势和区域经济特点，专注于服务区域内的中小企业和三农经济，通过设计专业化、专属化的融资租赁产品，增强对中小企业和三农的支持力度。充分利用发起行现有客户资源、营销网络和各项管理机制的优势，发挥协同效应，带动金融租赁业务的跨越式发展，并通过适当竞争形成对本业的补充与提升，走专业化、特色化道路，做出特色金融租赁服务品牌。"早在筹建之前，广州农商银行董事长王继康对珠江租赁就有这样的战略思考。

　　据广州农商银行行长助理、珠江金融租赁总裁吴海峰介绍，目前珠江租赁投放的行业中，排名居前的分别是医疗卫生、交通运输和旅游业。其中医疗卫生行业比重最大，主要为公立医院项目，主要集中在县域及欠发达地区。在吴海峰看来，专业化是金融租赁公司发展的必然趋势，唯有专业化才能打造特色，体现差异，走出自己的发展道路。因此，公司在创业首年，在保证"零风险、有规模、有盈利"的前提下，初步进行专业化探索，希望在实际操作中能形成聚焦医疗健康、交通运输、旅游消费、节能环保、现代农业等特色领域。

当前，医疗健康属于大众刚性需求，随着生活水平的不断提高和中国进入老龄化社会，医疗保健行业的投入还将不断加大；而随着国家医疗改革的深化，医疗水平不平衡的现状也迫切需要得以改善，广大农村医疗设施建设还有相当大的发展空间。基于此，珠江金融租赁将自身市场定位中"三农"与医疗健康两个方面相结合，积极尝试开展县域及欠发达地区农村医疗领域融资租赁业务，为改善农村医疗条件、补充落后地区医疗资源提供金融支持。截至目前，公司已为多家农村医疗卫生机构提供租赁融资，投放金额占比近 20%。珠江金融租赁也因大力支持县域及欠发达地区农村医疗、农牧业及中小微企业，获得了《第一财经》颁发的"2015 年度最佳普惠金融租赁服务机构"奖和《金融时报》颁发的"2015 年度最佳普惠金融租赁公司"奖。

从 2014 年到 2016 年，珠江租赁已成立两年，广州农商银行欣慰地看到，两年间珠江租赁这个"襁褓中的婴儿"在快速成长，一幅激动人心的画卷正在徐徐展开。

截至 2016 年 12 月末，珠江租赁资产总额 123.8 亿元，共在全国 27 个省、市、自治区累计投放 172.82 亿元，其中投放于广东本地的项目和金额最多。这些项目支持了南沙乃至广州的基础设施如轨道交通、港口码头、造船海工，以及民生工程如医院、教育、旅游，和新兴行业如电力环保、机器人行业等。未来三年，在风险可控的前提下，珠江租赁要争取累计投放总金额达 500 亿元，努力实现"建设有独特市场价值，创造多方共赢的一流金融租赁公司"的发展愿景。

"立足广东，辐射全国"，广州农商银行在巩固本土本色优势的基础上，加快转型改革与跨区跨业经营，有序筹建异地分支行、村镇银行，探索并购中小金融机构，筹建基金公司及涉农、小微专营机构、信用卡公司、消费金融公司等。自 2010 年起，以发起创办珠江村镇银行为"桥头堡"，广州农商银行开始了跨区域的扩张，24 家村镇银行完成了广州农商银行在全国的布局；2013 年，广州农商银行首家异地分支机构开业；2014 年，发起成立珠江金融租赁公司，完成跨业经营的跨越；2015 年，成功取得信贷资产证券化业务资格，并在年内成功发行 10.37 亿元，打开资产证券化探索的破冰之旅。2015 年，推出"上市通"产品，中收创收 2500 万，实现上市财务顾问服务中收零的突破。债券承销量突破 75 亿，新增债券直接融资 31 亿。

一步一台阶，积跬步至千里。广州农商银行综合经营的触角在不断延伸，在触角的不断延伸中，一个跨区域、跨行业的金融集团——珠江系，雏形初现。

后 记

十年风雨历程，见证了广州农商银行的华丽蝶变及迅速崛起。从 2006 年完成统一法人改制，到 2009 年完成股份制改制，再到如今资产规模超 6000 亿，跻身中国企业 500 强。十年峥嵘岁月，记录了广州农商银行的成长，也见证了中国金融业的深刻变革。

回顾过去的十几年，我国金融业经历了深刻的变革，绘就了一幅金融改革的宏大历史画卷，而这幅画卷是由许多大大小小的拼图组成的。广州农商银行的十年发展，正是构成这幅宏大多彩拼图的一角。因此，我们决定写作这本书，记录一家银行十年的发展，也记录我国银行业的深刻变革。我们希望，借由我们的记录，能够为中国银行业近十年的变革历程提供一个实证和注解。

在本书的写作过程中，在内容上我们注重兼具学术性与可读性，结合银行业变革的背景和具体生动的事例来讲述广州农商银行的十年发展，以小见大，通俗易懂不失生动。通过采访老员工、查阅相关档案、走访银行领导，我们力图呈现广州农商银行十年来重要的改革举措以及发展里程碑，呈现改革背后的故事。在内容的安排上，本书分别从战略转型、公司治理演变、内部管理、产品和服务、创新和改革等方面，从纵的时间线对十年发展进行了史的叙述。在具体的叙述过程中，注重对关键时间节点和具体人事的描述，力求对现场的还原和细节的呈现。

　　本书由战略企划部拟定写作框架并确定写作提纲，公司部、零售部、信用卡部、人力资源部、渠道中心等部门提供了详实的资料，全书由帅彦执笔，孙晓琴负责最后的修订与定稿。本书写作过程中，得到广州农商银行行领导及总行各部门负责人的大力支持，在此一并表示诚挚地感谢。

　　广州农商银行是中国银行业改革的参与者，也是改革的受益者。《十年》在讲述广州农商银行十年发展历程的同时，也为银行的内部改革提供了一个样本。如果有人在研究我国银行业改革史的时候能从本书中找到一点参考和启示，那么本书的出版就是一件更有意义的事情了。

图书在版编目（CIP）数据

十年·匠心：广州农商银行十年改革发展纪实/广州农商银行战略企划部著. —上海：上海三联书店，2017．5
　　ISBN 978－7－5426－5901－9

Ⅰ. ①十… Ⅱ. ①广… Ⅲ. ①农村商业银行－银行改革－概况－广州 Ⅳ. ①F832.33

中国版本图书馆 CIP 数据核字（2017）第 077065 号

十年·匠心：广州农商银行十年改革发展纪实

著　者／广州农商银行战略企划部

责任编辑／陈马东方月
装帧设计／徐　徐
监　制／姚　军
责任校对／周燕儿

出版发行／上海三联书店
　　　　　（201199）中国上海市都市路 4855 号 2 座 10 楼
邮购电话／021－22895557
印　刷／上海盛通时代印刷有限公司

版　次／2017 年 5 月第 1 版
印　次／2017 年 5 月第 1 次印刷
开　本／889×1194　1/32
字　数／150 千字
印　张／10.125
书　号／ISBN 978－7－5426－5901－9/F·760
定　价／40.00 元

敬启读者，如发现本书有印装质量问题，请与印刷厂联系 021－37910000